가장 쉬운 초등필수 영문법 하루 한장의 기적

Day 1	Day 2	Day 3	Day 4	Day 5
UNIT 01 월 일	UNIT 02 월 일	UNIT 03 월 일	UNIT 04 월 일	UNIT 05 월 일
Day 6	Day 7	Day 8	Day 9	Day 10
UNIT 06 월 일	UNIT 07 월 일	UNIT 08 월 일	UNIT 09 월 일	UNIT 10 월 일
Day 11	Day 12	Day 13	Day 14	Day 15
UNIT 11 월 일	UNIT 12 월 일	UNIT 13 월 일	UNIT 14 월 일	UNIT 15 월 일
Day 16	Day 17	Day 18	Day 19	Day 20
UNIT 16 월 일	UNIT 17 월 일	UNIT 18 월 일	UNIT 19 월 일	UNIT 20 월 일
Day 21	Day 22	Day 23	Day 24	Day 25
UNIT 21 월 일	UNIT 22 월 일	UNIT 23 월 일	UNIT 24 월 일	UNIT 25 월 일
Day 26	Day 27	Day 28	Day 29	Day 30
UNIT 26 월 일	UNIT 27 월 일	UNIT 28 월 일	UNIT 29 월 일	UNIT 30 월 일
Day 31	Day 32	Day 33	Day 34	Day 35
UNIT 31 월 일	UNIT 32 월 일	UNIT 33 월 일	UNIT 34 월 일	UNIT 35 월 일
Day 36	Day 37	Day 38	Day 39	Day 40
UNIT 36 월 일	UNIT 37 월 일	UNIT 38 월 일	UNIT 39 월 일	UNIT 40 월 일

Day 41	Day 42	Day 43	Day 44	Day 45
UNIT 41 월 일	UNIT 42 월 일	UNIT 43 월 일	UNIT 44 월 일	UNIT 45 월 일
Day 46	Day 47	Day 48	Day 49	Day 50
UNIT 46 월 일	UNIT 47 월 일	UNIT 48 월 일	UNIT 49 월 일	UNIT 50 월 일
Day 51	Day 52	Day 53	Day 54	Day 55
UNIT 51 월 일	UNIT 52 월 일	UNIT 53 월 일	UNIT 54 월 일	UNIT 55 월 일
Day 56	Day 57	Day 58	Day 59	Day 60
UNIT 56 월 일	UNIT 57 월 일	UNIT 58 월 일	UNIT 59 월 일	UNIT 60 월 일
Day 61	Day 62	Day 63	Day 64	Day 65
UNIT 61 월 일	UNIT 62 월 일	UNIT 63 월 일	UNIT 64 월 일	UNIT 65 월 일
Day 66	Day 67	Day 68	Day 69	Day 70
UNIT 66 월 일	UNIT 67 월 일	UNIT 68 월 일	UNIT 69 월 일	UNIT 70 월 일
Day 71	Day 72	Day 73	Day 74	Day 75
UNIT 71 월 일	UNIT 72 월 일	UNIT 73 월 일	UNIT 74 월 일	UNIT 75 월 일
Day 76	Day 77	Day 78	Day 79	Day 80
UNIT 76 월 일	UNIT 77 월 일	UNIT 78 월 일	UNIT 79 월 일	UNIT 80 월 일

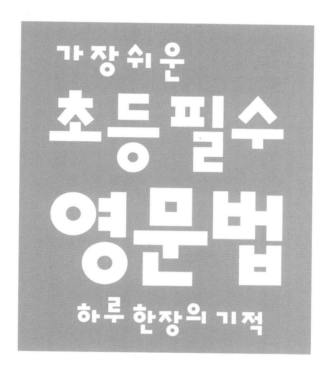

가장 쉬운
초등필수
영문법
하루 한장의 기적

동양북스

저자 Samantha Kim

숭실대 영문과, 뉴욕주립대 TESOL 석사.
현재 학부모와 영어교사들을 대상으로 교수법을 강의하고 있으며,
경험과 이론을 바탕으로 다양한 ELT 교재를 집필 하고 있다.

저자 Anne Kim

한양대 교육학, 숙명여자대학교 TESOL 졸업.
연령과 시기에 따라 필요한 영어교수법을 연구 중에 있으며,
그러한 노하우를 담아 집필활동과 강의를 하고 있다.

가 장 쉬 운
초등필수 영문법 하루 한장의 기적

초판 6쇄 2023년 4월 20일 | **지은이** Samantha Kim · Anne Kim | **발행인** 김태웅 | **편집** 황준, 양정화 | **디자인** 남은혜 | **마케팅** 나재승 | **제작** 현대순

발행처 (주)동양북스 | **등록** 제 2014-000055호 (2014년 2월 7일) | **주소** 서울시 마포구 동교로22길 14 (04030) | **구입문의 전화** (02)337-1737 | **팩스** (02)334-6624
내용문의 전화 (02)337-1763 | dybooks2@gmail.com

ISBN 979-11-5768-280-5 63740

영문법, 왜 배워야 할까요?

영문법은 영어 시험을 잘 보려고 배운다고 생각하는 사람이 많습니다. 정말 그럴까요? 물론 문법을 알면 시험을 보는 데 도움이 되겠지만, 그것만이 영문법을 배우는 목적은 아닙니다. 문법은 낱알인 단어를 연결하여 의미를 만들어내는 것으로 사람의 신체로 말하면 뼈대와 같은 것입니다. 영어라는 언어를 잘하려면 영어라는 언어의 구조를 알아야 합니다. 바로 이 구조, 뼈대가 영문법입니다.

영문법, 영어 학습에 어떤 도움이 될까요?

기타를 칠 때 코드를 알고 친다면 더 빨리 기타 치는 법을 배울 수 있는 것처럼, 영어라는 언어의 구조를 안다면 영어를 더 빨리, 그리고 더 효과적으로 배울 수 있습니다. 영문법은 여러분이 길을 찾아가는 데 도움을 주는 지도 혹은 친절한 가이드와 같은 것입니다.

영문법이 읽기, 듣기, 쓰기, 말하기에 모두 필요한가요?

영문법은 영단어와 함께 영어의 4 skills(리딩, 라이팅, 리스닝, 스피킹)의 바탕이 됩니다. 영문법이 탄탄하게 되어 있다면 더 정확하게 읽고, 쓰고, 듣고, 말할 수 있게 됩니다.

영문법을 실생활에 활용하려면 어떻게 공부해야 할까요?

문법을 시각화하여 오래 기억할 수 있게 하고 문장 속에서 문법을 익혀야 합니다. 기타 코드를 안다고 당장 최고의 기타 연주자가 되는 것은 아닙니다. 배운 것을 가지고 손이 트도록 연습을 해야 합니다. 영문법도 마찬가지입니다. 배운 문법을 다양한 문제 속에서 연습하고 확인해 나가는 작업이 꼭 필요합니다.

왜 하루 한 장의 기적일까요?

배운 내용을 자신의 것으로 만드는 데는 시간이 필요합니다. 음식을 먹으면 소화 과정을 거쳐 영양분으로 흡수되는데 시간이 걸리듯 말입니다. 하루 한 장, 한가지 문법 사항을 차근차근 배워나가면 과도한 학습으로 인한 어려움 없이 여러분의 영어 실력을 무럭무럭 자라게 할 수 있을 것입니다.

이 책의 구성

한눈에 들어오는 영문법 공식!

초등교과서에 등장하는 모든 영문법을 종합하여 각 공식을 그래픽 오거나이저 형태로 시각화했습니다. 수록된 예문들은 초등학생들이 일상생활에서 사용하는 실용적인 문장으로 구성했으며, 문법을 익히고 나면 학습한 내용을 다양한 문제 유형을 통해 완벽히 숙달할 수 있도록 하였습니다.

01 하루 한 장 초등 필수 영문법을 배워요

하루 학습을 20분 이내에 마칠 수 있도록 구성했습니다. 각 영문법이 쓰이는 상황을 재미있는 삽화와 함께 제시하는 등 문법을 이해하기 쉽도록 접근했습니다.

02 시각화된 영문법 공식!

각 영문법 공식을 그래픽 오거나이저를 통해 패턴화하여 오래 기억할 수 있도록 했습니다.

03 살아있는 예문을 통해 문법을 활용해요

일상생활에서 사용할 수 있는 예문을 통해 영문법을 활용할 수 있게 했습니다. 제시된 예문을 크게 여러 번 읽어 완전히 입으로 체득할 수 있게 해보세요.

QR코드를 찍으면
저자의 강의와 원어민
mp3를 들을 수 있습니다.

각 과에 등장하는 단어 리스트를 다운받아
미리 알아 둘 수 있습니다.

다운로드 : www.dongyangbooks.com

04 Pop Quiz!

간단한 퀴즈를 풀면서 문법 사항을 제대로 이해했는지 확인할 수 있습니다.

05 문제를 풀면서 문법을 연습해요.

3가지 유형의 문제로 배운 영문법을 연습합니다.

– 단어나 구 고르기를 통한 문법 연습
– 그림을 통한 문법 연습
– 문장이나 대화문을 통한 문법 연습

같은 문제가 반복되면 자칫 지루해질 수 있습니다. 이 책에서는 서로 다른 4가지 세트의 문제 유형을 제시하여 흥미로운 학습이 될 수 있도록 하였습니다.

배운 영문법을 확실히 내 것으로!

복습 문제를 풀어봄으로써 배운 영문법을 확실히 내 것으로 만들 수 있습니다.

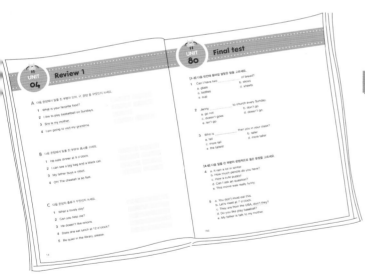

01 Review

여러 개 유닛의 내용을 한 번에 통합해서 점검합니다. 6가지 유형의 문제를 풀면서 그동안 배운 영문법을 통합적으로 확인할 수 있습니다.

– 문장에 들어갈 알맞은 말 고르기
– 주어진 단어를 알맞은 형태로 고치기
– 틀린 부분을 바르게 고쳐 문장 다시 쓰기
– 단어를 올바른 순서로 배열하여 완전한 문장 만들기
– 지문이나 대화문에서 나오는 단어를 알맞은 형태로 고치기
– 질문을 읽고 자신만의 답을 쓰기

02 Final Test

내신에 출제되는 문제 형식으로 책 전체 내용을 점검할 수 있도록 구성했습니다.

차례

UNIT 01

단어, 구, 문장

문자가 모여 단어, 단어가 모여 구, 단어와 구가 모여 문장!

 한글에 ㄱ, ㄴ, ㄷ, ㄹ~이 있듯이 영어에는 a, b, c, d~로 구성된 알파벳 문자가 있답니다. 한글의 자음과 모음인 ㅊ, ㅐ, ㄱ, ㅅ, ㅏ, ㅇ이 모여서 '책상'이라는 단어가 만들어지듯이 알파벳 문자 d, e, s, k가 모이면 '책상'이라는 **의미(뜻)를 가진 하나의 단어 (desk)**가 만들어집니다.

이런 **단어가 모이면 구**가 됩니다. 예를 들어 'my(나의)'와 'desk(책상)'가 모이면 'my desk(내 책상)'라는 구가 만들어집니다.

이 구와 단어가 모이면 문장이 됩니다. "That is my desk.(저것은 내 책상이야.)"처럼 단어와 구가 모여 **문장**이 만들어집니다.

```
문자  >  단어  >  구  >  문장
```

문 자	단 어	구	문 장
s, i, s, t, e, r	sister 여동생	my sister 내 여동생	This is my sister. 이 아이는 내 여동생이야.
v, i, o, l, i, n	violin 바이올린	play the violin 바이올린을 연주하다	Can you play the violin? 너는 바이올린을 연주할 수 있니?
b, e, d	bed 침대	go to bed 자러 가다	I go to bed at 9 o'clock. 나는 9시에 자러 가.

■ 단어와 단어 사이는 반드시 띄어쓰기를 해줍니다.
문장의 맨 첫글자는 대문자로 쓰고 마지막에는 마침표(.)나 물음표(?) 등 문장부호를 찍어 줍니다.

 **Pop Quiz** 단어에는 ○, 구에는 □, 문장에는 ◇를 표시하세요.

kangaroo	a blue T-shirt	my favorite subject
This is my brother.	play the piano	bed
violin	He can run fast.	like a tiger

Fun Practice

A 〈보기〉처럼 각 문장에서 단어를 나누어 보세요.

He can run like a rabbit.
그는 토끼처럼 달릴 수 있다. → He / can / run / like / a / rabbit.

1 What time do you get up?
너는 몇 시에 일어나니?

2 There is a cat under the table.
탁자 아래에 고양이가 한 마리 있어.

3 My hobby is playing computer games.
내 취미는 컴퓨터 게임을 하는 거야.

4 You look beautiful today.
너는 오늘 아름다워 보여.

B 다음 밑줄 친 부분이 단어인지 구인지 문장인지 표시하세요.

	단어	구	문장

1 <u>My favorite sport</u> is basketball. 내가 가장 좋아하는 운동은 농구야. □ ☑ □

2 I ate salad and pasta for <u>lunch</u>. 나는 점심으로 샐러드와 파스타를 먹었어. □ □ □

3 There is a box <u>behind your bag</u>. 네 가방 뒤에 상자가 있어. □ □ □

4 <u>Do you like your new dress?</u> 네 새 드레스가 마음에 드니? □ □ □

C 다음 우리말에 알맞은 단어나 구를 〈보기〉에서 골라 문장을 완성하세요.

1 He is wearing a _____.   그는 파란색 티셔츠를 입고 있어.

2 _____ is white.   내가 가장 좋아하는 색은 하얀색이야.

3 Let's eat _____.   저녁을 먹읍시다.

4 Is this _____?   이것이 네 컵이니?

my favorite color   blue T-shirt   dinner   your cup

UNIT 02

영어의 품사

영어라는 요리에 들어가는 8가지 재료, 8품사

 영어라는 요리를 만든다고 생각해보세요. 영어라는 요리에는 8가지 재료가 들어갑니다. 그 재료를 '**8품사**'라고 불러요. 영어의 단어는 각기 하는 일이 있고, **하는 일의 종류**에 따라 품사에도 다른 이름이 붙여집니다.

어떤 일을 하느냐에 따라 **명사, 대명사, 형용사, 부사, 동사, 감탄사, 전치사, 접속사**라는 이름이 생기는 것이지요. 각 품사가 무엇인지는 앞으로 차차 다루게 될 거예요. 여기서는 간단히 각 품사가 어떤 일을 하는지 살펴볼까요?

| 8품사 | = | 명사 | 대명사 | 형용사 | 부사 | 동사 | 감탄사 | 전치사 | 접속사 |

8품사	하는 일	예 시
명사	사람, 동물, 사물 등의 이름을 나타냄	Tom 톰, dog 개, chair 의자
대명사	명사를 대신해서 사용함	I 나, you 너, she 그녀, it 그것, we 우리
형용사	명사를 좀 더 자세히 설명함	happy 행복한, sunny 햇빛 나는, long 긴
부사	형용사나 동사를 자세히 설명해줌	well 잘, too 너무, very 아주
동사	사람이나 사물의 동작을 나타냄	play 놀다, walk 걷다, sit 앉다
감탄사	말하는 사람의 놀람, 감정을 표현해줌	Oh! 오!, Wow! 우와!
전치사	(대)명사 앞에서 다른 단어와의 관계를 표시함	on ~위에, of ~의, for ~을 위해
접속사	단어와 단어, 문장과 문장을 연결함	and 그리고, but 그러나, or 또는

■ 형용사와 부사가 똑같은 단어도 있어요. **예** fast

Pop Quiz 다음 단어의 품사가 무엇인지 쓰세요.

1 play

2 of

3 sunny

4 Oh!

5 piano

6 we

7 but

8 chair

9 well

 **Fun Practice**

A 다음 단어에 알맞은 품사를 연결하세요.

| 전치사 | 대명사 | 형용사 | 접속사 |

of   she   and

they   pretty   it   you

but   blue   kind   for

B 다음 문장에서 괄호 안의 품사를 찾아 밑줄을 그어 보세요.

1 This is my bedroom. 이 방은 내 침실이야. (명사)

2 They play the guitar every day. 그들은 기타를 매일 쳐. (동사)

3 Oh, my God! What is this? 오, 이런! 이것이 무엇이니? (감탄사)

4 Your bag is too heavy. 네 가방은 너무 무거워. (형용사)

C 그림을 보고 빈칸에 알맞은 품사의 단어를 〈보기〉에서 골라 문장을 완성하세요.

1

Ben is playing (명사) _____.

3

Do you (동사) _____ sunglasses?

2

She wants an apple (접속사) _____
a banana.

4

Are you (형용사) _____?

보기   have   sleepy   and   soccer

문장의 종류

UNIT 03

말하는 방식에 따라 문장의 종류가 달라져요.

다른 사람들과 이야기할 때 우리는 여러 가지 종류의 문장을 사용해서 말을 합니다. 내 의견을 말하기도 하고 친구의 의견을 물어보기도 하고 내가 싫어하는 것을 이야기하기도 해요. 다른 사람에게 무엇을 하라고 명령할 때도 있고 아름다운 것이나 좋은 것을 보고 감탄하기도 하죠.

이처럼 문장은 **말하는 방식**에 따라 **평서문, 의문문, 부정문, 명령문, 감탄문**으로 나누어져요. "나는 피자를 좋아해."라고 말하면 **평서문**, "너는 피자를 좋아하니?"라고 물어보면 **의문문**, "그 애는 피자를 좋아하지 않아."라고 하면 **부정문**, "피자 좀 먹어."라고 하면 **명령문**, "정말 맛있는 피자네요!"라고 감탄하듯 말하면 **감탄문**이 된답니다.

"감탄문"

| 문장의 종류 | = | 평서문 | 의문문 | 부정문 | 명령문 | 감탄문 |

종 류	문 장	특 징
평서문	I like pizza. 나는 피자를 좋아해.	문장의 맨 뒤에 마침표를 찍는다.
의문문	Do you like pizza? 너는 피자를 좋아하니?	물음표를 맨 뒤에 붙인다.
부정문	She doesn't like pizza. 그녀는 피자를 좋아하지 않아.	not, no, never 등을 붙인다.
명령문	Eat some pizza. 피자 좀 먹어.	동사로 시작한다.
감탄문	What a delicious pizza! 정말 맛있는 피자네요!	느낌표를 맨 뒤에 찍는다.

Pop Quiz 다음 문장과 알맞은 문장의 종류를 연결하세요.

1 Is she a police officer? •
    • 평서문

2 She is a police officer. •
    • 의문문

3 She is not a police officer. •
    • 감탄문

4 What a kind police officer! •
    • 부정문

5 Become a police officer. •
    • 명령문

Fun Practice

A 다음 문장을 읽고 각 문장의 종류가 무엇인지 쓰세요.

1 Can you play the piano? 너는 피아노를 칠 수 있니?

2 Jenny doesn't like carrots. 제니는 당근을 좋아하지 않아.

3 Susan is eating grapes. 수잔은 포도를 먹고 있어.

4 Are you tired? 너 피곤하니?

B 다음 문장들을 명령문과 감탄문으로 구분하여 쓰세요.

> How cute the dog is!
> Listen carefully.
>
> Have a seat.
> What a delicious food!

명령문

감탄문

C 다음 우리말에 알맞은 단어를 〈보기〉에서 골라 문장을 완성하세요.

1 She _____ to school by bus.　　　그녀는 학교에 버스를 타고 가.

2 _____ you have a red crayon?　　　너는 빨간색 크레용을 갖고 있니?

3 I am _____ good today.　　　나는 오늘 기분이 안 좋아.

4 _____ quiet, please!　　　조용히 하세요!

보기　　　not　　　be　　　goes　　　do

Review 1

A 다음 문장에서 밑줄 친 부분이 단어, 구, 문장 중 무엇인지 쓰세요.

1 What is your favorite food?

2 I like to play basketball on Sundays.

3 She is my mother.

4 I am going to visit my grandma.

B 다음 문장에서 밑줄 친 부분의 품사를 쓰세요.

1 He eats dinner at 9 o'clock.

2 I can see a big bag and a black cat.

3 My father buys a robot.

4 Oh! The cheetah is so fast.

C 다음 문장의 종류가 무엇인지 쓰세요.

1 What a lovely day!

2 Can you help me?

3 He doesn't like onions.

4 Does she eat lunch at 12 o'clock?

5 Be quiet in the library, please.

D 다음 나열된 단어로 구를, 구를 문장으로 만들어 보세요.

1 color　my　favorite　→ (구) _____

2 the　play　piano　→ (구) _____

3 at 10 o'clock　She　goes to bed　→ (문장) _____

4 I　like a bee　can dance　→ (문장) _____

E 다음 지문을 읽고 밑줄 친 부분의 품사를 쓰세요.

1 I have a <u>cat</u>. Her name is Molly. She is <u>cute</u> and pretty.
　　(　　　)　　　　　　　(　　　)

She can jump <u>very</u> high. I <u>like</u> her very much.
　　　　(　　　) (　　　)

2 A: <u>Oh</u>, it's raining. Do <u>you</u> have an <u>umbrella</u>?
　　(　　　)　　(　　　)　　(　　　)

B: Yes, I do. Let's <u>go</u> together.
　　　　　(　　　)

F 다음 대화문을 읽고 각 문장의 종류를 쓰세요.

A: What a delicious salad! Eat some salad.　→

B: I don't like salad. Do you like salad?　→

A: Yes, I do.　→

UNIT 05

명사 I (보통명사, 집합명사)

세상 모든 것에는 다 이름이 있다!

 수진, 강아지, 컴퓨터, 책상, 한국, 뉴욕처럼 세상 모든 것에는 다 이름이 있어요. 이렇게 사람, 동물, 물건, 나라, 도시 등에 붙여진 이름들을 '명사'라고 합니다. 이런 명사에는 여러 가지 종류가 있지만 오늘은 그 중에서 **보통명사**와 **집합명사**를 먼저 살펴보겠습니다.

보통명사는 신발, 전화기, 책처럼 **일정한 형태가 있는 것**에 붙인 이름이에요. 그리고 **집합명사**는 가족, 학급, 가구처럼 **사람이나 사물이 모여 있는 집합**을 나타내는 이름이지요.

명사	=	세상 모든 것의 이름
보통명사	=	일정한 형태가 있는 것
집합명사	=	사람, 사물의 집합

보통명사	집합명사
book 책 table 탁자 dog 개 brother 오빠, 형, 남동생 (남자 형제) sister 언니, 누나, 여동생 (여자 형제) computer 컴퓨터 bathroom 욕실, 화장실 pencil 연필	family 가족 group 그룹, 집단 class 학급, 반 team 팀 furniture 가구 police 경찰 people 사람들

Pop Quiz 다음 단어 중에서 명사에는 O, 명사가 아닌 것에는 X를 표시하세요.

1 book ☐

2 dog ☐

3 eat ☐

4 bathroom ☐

5 angry ☐

6 brother ☐

7 happy ☐

8 team ☐

9 car ☐

 **Fun Practice**

A 다음 단어가 속하는 명사 종류에 연결하세요.

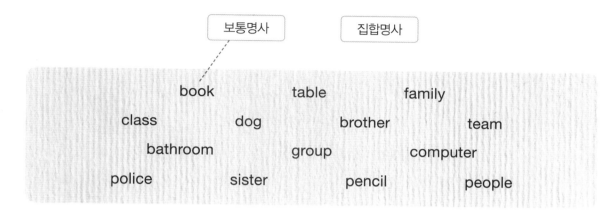

보통명사   집합명사

book   table   family

class   dog   brother   team

bathroom   group   computer

police   sister   pencil   people

B 다음 문장에서 명사를 찾아 밑줄을 긋고, 종류를 고르고, 뜻을 쓰세요.

	종류	뜻
1 This is a book.	보통명사 ┊ 집합명사	
2 The group is small.	보통명사 ┊ 집합명사	
3 She loves the dog.	보통명사 ┊ 집합명사	
4 My family is all tall.	보통명사 ┊ 집합명사	

C 다음 우리말에 알맞은 명사를 〈보기〉에서 골라 문장을 완성하세요.

1 I have two _____.   나는 오빠가 2명 있어요.

2 Our _____ will win the game.   우리 팀은 경기를 이길 거야.

3 Where is the _____?   욕실이 어디인가요?

4 The _____ is by the window.   탁자는 창문 옆에 있어.

보기	team table brothers bathroom

UNIT 06

명사 II (단수, 복수)

책 한 권, 오빠 두 명, 개 세 마리… 셀 수 있는 명사

 영어의 명사는 **셀 수 있는 명사**인지 **셀 수 없는 명사**인지를 구분하는 것이 중요합니다. 이것을 알아야 a를 붙일지(단수형), -s를 붙일지(복수형)를 정할 수 있어요. 오늘은 하나, 둘, 셋… 이렇게 셀 수 있는 명사를 먼저 배워 볼까요?

셀 수 있는 명사가 **한 개일 때는 단수명사**라고 하고, 명사 앞에 a나 an을 붙여요. 셀 수 있는 명사가 **여러 개일 때는 복수명사**라고 하고, 명사 뒤에 -s를 붙여요. 단어가 **s, x, o로 끝나는 명사**의 복수형은 명사 뒤에 -es를 붙입니다. **y로 끝나는 명사**의 복수형은 y를 i로 고치고 -es를 붙입니다. 그리고 모양이 완전히 변신하는 **별난 복수형**도 있어요.

셀 수 있는 명사	=	보통명사, 집합명사
규칙적인 복수형	=	단수명사 + -s/ -es/ -ies

규칙적인 복수형(-s/-es/-ies)		별난 복수형	
단수	복수	단수	복수
a notebook 공책 한 권	notebooks	a fish 물고기 한 마리	fish
an eye 한쪽 눈	eyes	a sheep 양 한 마리	sheep
a bus 버스 한 대	buses	a mouse 쥐 한 마리	mice
a box 상자 하나	boxes	a foot 한쪽 발	feet
a candy 사탕 한 개	candies	a tooth 이 한 개	teeth
a baby 아기 한 명	babies	a child 아이 한 명	children

Pop Quiz 다음 단어 중에서 단수명사에는 S, 복수명사에는 P를 표시하세요.
(S=Single, P=Plural)

1 a cup ☐   4 children ☐   7 a fish ☐

2 eyes ☐   5 candies ☐   8 mice ☐

3 a baby ☐   6 an apple ☐   9 a notebook ☐

18

Fun Practice

A 다음 밑줄 친 단어의 복수형을 쓰세요.

1 It's a <u>lion</u>.

2 It's a <u>notebook</u>.

3 She's a <u>baby</u>.

4 It's a <u>tooth</u>.

5 It's a <u>tomato</u>.

6 It's a <u>bus</u>.

7 It's an <u>apple</u>.

8 He's a <u>child</u>.

B 다음 그림을 보고 네모칸에 알맞은 명사형을 고르세요.

1

I have   a candy | candies   .

2

I have   a potato | two potatoes   .

3

I have   a fish | many fish   .

4

I have   a sheep | sheep   .

C 괄호 안에 주어진 명사의 복수형을 빈칸에 쓰세요.

1 A girl has blue _____. (eye)
소녀는 파란 눈을 갖고 있다.

2 My _____ are dirty. (foot)
내 발이 더러워.

3 Can I have some _____? (candy)
사탕 몇 개 먹어도 돼요?

4 The _____ are really heavy. (box)
상자들이 정말 무겁다.

UNIT 07

명사 III (고유명사/물질명사/추상명사)

형태가 없거나 보이지 않는 셀 수 없는 명사들

 지난 과에서는 셀 수 있는 명사에 대해 배웠죠? 오늘은 **셀 수 없는 명사**를 배워볼게요.

고유명사는 지구나 달처럼 세상에 **하나밖에 없는 특별한 것들**에 붙이는 이름이에요. 하나밖에 없기 때문에 셀 필요가 없겠죠? 이 명사들은 첫 글자를 항상 대문자로 써야 해요. **물질명사**는 물이나 소금처럼 **일정한 형태가 없는 것들**에 붙이는 이름이에요. 형태가 없기 때문에 이 명사들은 셀 수가 없어요. **추상명사**는 사랑이나 행복처럼 **눈에 보이지는 않지만 느낄 수 있는 감정이나 생각**을 가리키는 말이에요. 눈에 보이지 않아 형태를 알 수 없기 때문에 셀 수 없어요.

고유명사	=	하나뿐인 특별한 것들
물질명사	=	형태가 없는 것들
추상명사	=	보이지 않는 감정이나 생각

고유명사	물질명사	추상명사
New York 뉴욕	water 물	love 사랑
Jackson 잭슨	sugar 설탕	peace 평화
France 프랑스	cheese 치즈	war 전쟁
Tuesday 화요일	salt 소금	music 음악
January 1월	money 돈	life 인생
Seoul Station 서울역	coffee 커피	news 뉴스

Pop Quiz

다음 단어 중에서 셀 수 있는 명사에는 C, 셀 수 없는 명사에는 U를 표시하세요.
(C=Countable, U=Uncountable)

1 dog ☐

2 sugar ☐

3 money ☐

4 peace ☐

5 cheese ☐

6 book ☐

7 Tuesday ☐

8 computer ☐

9 tomato ☐

Fun Practice

A 다음 단어들을 '셀 수 있는 명사'와 '셀 수 없는 명사'로 구분하여 쓰세요.

셀 수 있는 명사   셀 수 없는 명사

| lion | New York | peace | eye | water | love |
| baby | cheese | sugar | knife | music | fish |

B 다음 단어들 중 고유명사를 찾아 첫 글자를 대문자로 고쳐 쓰세요.

1 new york, sugar, war

2 life, jackson, money

3 cheese, love, france

4 january, peace, salt

C 다음 우리말에 알맞은 단어를 〈보기〉에서 골라 문장을 완성하세요.

1 She often drinks ＿＿＿＿＿.   그녀는 물을 자주 마셔요.

2 I like ＿＿＿＿＿.   나는 음악이 좋아.

3 ＿＿＿＿＿＿ 1 is New Year's Day.   1월 1일은 새해 첫날이야.

4 Do you like ＿＿＿＿＿?   너는 치즈를 좋아하니?

| 보기 | water | cheese | music | January |

물질명사를 세는 단위

UNIT 08

물질명사를 셀 때는 모양이나 용기를 쓴다!

 물처럼 특별한 형태가 없는 물질명사들은 어떻게 셀까요?

이런 **물질명사들**은 앞에 **특별한 단위를 붙여서 셀 수 있답니다.** 예를 들어, 우리가 물을 마실 때 물을 컵에 한 컵, 두 컵 따라서 마십니다. 이처럼 셀 수 없는 물을 컵이라는 **용기를 가지고 셀 수 있게 되는 것입니다.**

케이크나 빵처럼 큰 덩어리는 **조각으로 잘라서** 세기도 합니다. 이처럼 조각이나 용기를 물질명사 앞에 써서 개수를 나타낼 수 있어요.

물질명사를 세는 단위	=	모양, 용기

조각으로 세는 물질명사	용기로 세는 물질명사
a piece of **bread/cake** 빵/케이크 한 조각 a slice of **cheese** 치즈 한 조각 a sheet of **paper** 종이 한 장	a cup of **coffee/tea** 커피/차 한 잔 a glass of **milk/juice** 우유/주스 한 잔 a bottle of **water** 물 한 병
two pieces of **bread/cake** 빵/케이크 두 조각 two slices of **cheese** 치즈 두 조각 two sheets of **paper** 종이 두 장	two cups of **coffee/tea** 커피/차 두 잔 two glasses of **milk/juice** 우유/주스 두 잔 two bottles of **water** 물 두 병

■ 케이크는 셀 수 있는 명사로도 쓸 수 있어요. 예 a cake(O), some cakes(O)

Pop Quiz 다음 표현을 보고 세는 방법이 맞으면 ○, 틀리면 X를 표시하세요.

1 a water ☐

2 a slice of cheese ☐

3 two cups of tea ☐

4 three cheese ☐

5 two glasses of juice ☐

6 a cake ☐

7 two papers ☐

8 five pieces of bread ☐

Fun Practice

A 다음 그림과 어울리는 표현에 ✓를 표시하세요.

1

a cup of tea ☐

a sheet of tea ☐

2

a glass of milk ☐

a slice of milk ☐

3

two pieces of bread ☐

two bottles of bread ☐

4

a cup of paper ☐

a sheet of paper ☐

B 다음 우리말에 알맞은 물질명사 단위를 〈보기〉에서 골라 쓰세요.

1 three _____ of juice 주스 세 잔

2 a _____ of water 물 한 병

3 five _____ of paper 종이 다섯 장

4 two _____ of cheese 치즈 두 조각

보기

sheets

slices

bottle

glasses

C 괄호 안의 단어를 사용해 우리말에 알맞은 물질명사 단위를 쓰세요.

1 Can you make _____ tea? (cup)　　차 한 잔 탈 수 있어요?

2 Give me _____ milk, please. (glass)　　우유 한 잔만 주세요.

3 Sarah is buying _____ juice. (bottle)　　사라는 주스 3병을 사고 있어.

4 We need _____ paper. (sheet)　　우리는 종이 2장이 필요해.

Review 2

🎧 MP3 09 예문

A 다음 네모칸에 들어갈 알맞은 말을 고르세요.

1 Give me a   sheet | glass | slice   of juice, please.

2 He needs two   sheets | bottles | cups   of paper.

3 Is she buying a   piece | bottle | sheet   of water?

4 My mom is cutting a   sheet | bottle | slice   of cheese.

5 Can you make a   sheet | bottle | cup   of hot chocolate?

B 다음 밑줄 친 부분을 괄호 안의 지시대로 알맞은 형태로 고쳐 보세요.

1 It's a cucumber. (복수형) → They are _____.

2 They are cups. (단수형) → It is _____ _____.

3 It's a candy. (복수형) → They are _____.

4 They are boxes. (단수형) → It is _____ _____.

C 다음 문장에서 틀린 부분을 바르게 고쳐 문장을 다시 쓰세요.

1 It's a tigers. → _____

2 I live in new york. → _____

3 This is sheep. → _____

4 My brother's name is tom. → _____

D 다음 단어들을 올바른 순서로 배열해 완전한 문장을 만들어 보세요.

1　 an eraser 　 I 　 have . 나는 지우개를 한 개 가지고 있어.

→ ....

2　 is buying 　 He 　 a piece of bread . 그는 빵 한 개를 사고 있어요.

→ ....

3　 has 　 She 　 three brothers . 그녀는 오빠가 3명 있어요.

→ ....

E 다음 지문을 읽고 괄호 안의 단어를 알맞은 형태로 고쳐 쓰세요.

1 This is a zoo. Two _____(zebra) are running. Three _____(bear) are playing. A _____(lion) is eating. I like them.

2 A: Hi! My name is _____(julia).

B: I'm _____(sam). I'm from _____(singapore). Where are you from?

A: I'm from _____ (mexico).

F 다음 질문을 읽고 자신만의 답을 쓰세요.

1 Q: What's your name?

A: ....

2 Q: Where are you from?

A: ....

UNIT 10

인칭대명사(주격, 목적격)

나, 너, 그/그녀, 우리, 그들… 사람 이름 대신에 가리키는 말

나, 너, 그/그녀, 우리, 그들처럼 사람 이름 대신에 부를 수 있는 말을 인칭대명사라고 해요. 매번 이름을 부르는 것보다 인칭대명사를 쓰면 좀 더 쉽게 말할 수 있어요.

인칭대명사는 말하는 '나(I)'는 **1인칭**, 듣고 있는 '너/너희들(you)'은 **2인칭**, 나와 너 말고 다른 사람인 '그(he), 그녀(she), 그들(they)'은 **3인칭**이라고 해요. 나, 너, 걔처럼 **한 사람**을 대신해서 부를 수 있는 **단수형**도 있고, 우리, 너희들, 그들처럼 **여러 명**을 가리키는 **복수형**도 있어요. 그리고 인칭대명사는 문장에서 어떤 역할을 맡느냐에 따라 주어(~은/는)로 쓰이는 **주격**과 목적어(~을/를)로 쓰이는 **목적격**의 형태가 있어요.

인칭대명사	=	사람을 이름 대신 부르는 말

인 칭	단수/복수	주격(~은/는)	목적격(~을/를)
1인칭	단수	I (나, 항상 대문자)	me (나를)
	복수	we (우리는)	us (우리를)
2인칭	단수	you (너는)	you (너를)
	복수	you (너희는)	you (너희를)
3인칭	단수	she (그녀는)	her (그녀를)
	단수	he (그는)	him (그를)
	복수	they (그들은)	them (그들을)

Pop Quiz 다음 우리말에 어울리는 인칭대명사의 주격과 목적격을 쓰세요.

		주격	목적격			주격	목적격
1	그			4	나		
2	너			5	그녀		
3	우리			6	그들		

Fun Practice

A 다음 우리말과 같은 뜻이 되도록 알맞은 단어를 고르세요.

1 ⬚ I ⎮ me ⬚ am short. 나는 키가 작아.

2 My brother likes ⬚ she ⎮ her ⬚ . 우리 형은 그녀를 좋아해.

3 I can't find ⬚ they ⎮ them ⬚ . 나는 그들을 찾을 수가 없어.

4 ⬚ He ⎮ him ⬚ is my grandfather. 그분은 우리 할아버지야.

B 다음 그림을 보고 색자에 해당하는 알맞은 인칭대명사를 빈칸에 쓰세요.

This is my family.

My dad is a teacher. _____ is very kind.

My mom is a writer. _____ is so smart.

My sister is a police officer. _____ is so

brave. I love my family.

C 다음 우리말에 알맞은 단어를 〈보기〉에서 골라 문장을 완성하세요.

1 _____ like this cap. 나는 이 모자를 좋아해.

2 Can _____ open the window? 너, 창문 좀 열어 줄래?

3 _____ likes to sing. 그는 노래 부르는 걸 좋아해.

4 _____ go swimming every summer. 우리는 매년 여름 수영을 하러 가.

보기				
	he	you	I	we

소유격/소유대명사

UNIT 11

나의/나의 것, 너의/너의 것, 그의/그의 것, 그녀의/그녀의 것…

 교실 바닥에 연필이 하나 떨어져 있네요. 앞자리에 앉은 준이에게 "이거 네 연필이니?"하고 물어보니 "그건 내 거 아니야."라고 대답하네요. 이렇게 '네 연필'이나 '내 거'와 같이 **소유를 나타내고 싶을 때는 소유격과 소유대명사**를 사용합니다.

소유격은 '**나의, 너의, 그의/그녀의**'처럼 사물이 **누군가의 것임을 보여주는 형용사**입니다. my pencil, your pencil, his/her pencil처럼 소유격 뒤에는 명사가 옵니다.

소유대명사는 '**나의 것**' mine(=my pencil), '**너의 것**' yours(=your pencil), '**그의 것/그녀의 것**' his/hers(=his/her pencil)처럼 **소유격과 명사를 합쳐서 부르는 말**입니다.

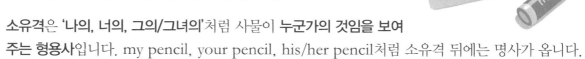

인칭	단수/복수	소유격(~의)	소유대명사(~의 것)
1인칭	단수	my 나의	mine 나의 것
	복수	our 우리의	ours 우리의 것
2인칭	단수	your 너의	yours 너의 것
	복수	your 너희의	yours 너희의 것
3인칭	단수	her 그녀의	hers 그녀의 것
	단수	his 그의	his 그의 것
	복수	their 그들의	theirs 그들의 것

Pop Quiz 다음 인칭대명사에 어울리는 소유격과 소유대명사를 쓰세요.

		소유격	소유대명사			소유격	소유대명사
1	I			4	we		
2	you			5	they		
3	she			6	he		

 **Fun Practice**

A 주어진 우리말에 어울리는 소유격을 빈칸에 쓰세요.

1 나의 애완동물 _____ pet

2 그녀의 가방 _____ bag

3 우리의 마을 _____ town

4 너의 오빠 _____ brother

5 그의 자 _____ ruler

6 그들의 파티 _____ party

B 다음 〈보기〉처럼 알맞은 소유대명사에 ○를 표시하고 괄호 안에 뜻을 쓰세요.

> 보기
>
> my book → (mine) my
>
> 나의 책 (나의 것)

1 your dog → your | yours
너의 개 ( )

2 her hat → hers | her
그녀의 모자 ( )

3 their car → theirs | their
그들의 차 ( )

4 his shirt → his | hers
그의 셔츠 ( )

5 our house → our | ours
우리의 집 ( )

6 your pencils → your | yours
너(희)의 연필들 ( )

C 다음 우리말에 알맞은 소유격이나 소유대명사를 〈보기〉에서 골라 문장을 완성하세요.

1 The ruler is _____.   이 자는 내 것이야.

2 The textbook is _____.   이 교과서는 그녀의 것이야.

3 _____ favorite class is music.   그의 가장 좋아하는 수업은 음악이야.

4 Is the chicken _____?   그 치킨은 우리 것인가요?

> 보기
>
> hers   ours   his   mine

지시대명사

콕 찍어서 사람, 동물, 사물 등을 가리킬 때 쓴다.

수업이 끝나고 빨리 집에 가서 게임을 하겠다는 생각으로 복도를 뛰어가다가 친구와 부딪혔네요. 가방에 있던 물건들이 쏟아져 친구의 물건이랑 섞여버렸네요. "이것은 내 거고, 저것은 네 거야."하며 서로 물건을 챙기겠죠. 이렇게 사물을 콕 찍어서 이것, 저것 하며 가리키는 것을 '**지시대명사**'라고 합니다.

지시대명사는 **가까이 있는** 사물이나 사람을 가리킬 때 '**이것/이분** (this)', **먼 것**을 가리킬 때는 '**저것/저분**(that)'을 써요. 수가 **여럿일** 때는 **이것들/이분들**(those), **저것들/저분들**(those)이라고 합니다. 그렇다면 한 번 앞에서 나왔던 것을 **다시 가리킬 때**는 뭐라고 할까요? 그때는 **it**(그것)을 쓰면 됩니다. **여럿일** 때는 they(그것들)를 쓰면 된답니다.

지시대명사 = 사람이나 사물을 가리키는 것

유 형	단 수	복 수
가까운 것을 가리킬 때	this 이것, 이 사람	these 이것들, 이 사람들
먼 것을 가리킬 때	that 저것, 저 사람	those 저것들, 저 사람들
다시 가리킬 때	it 그것	they 그것들

 **Pop Quiz** 다음 그림을 보고 〈보기〉처럼 빈칸에 알맞은 지시대명사를 쓰세요.

보기

this
(이것)

2
(저것)

1
(이것들)

3
(저것들)

Fun Practice

A 다음 그림을 보고 네모칸에 알맞은 지시대명사를 고르세요.

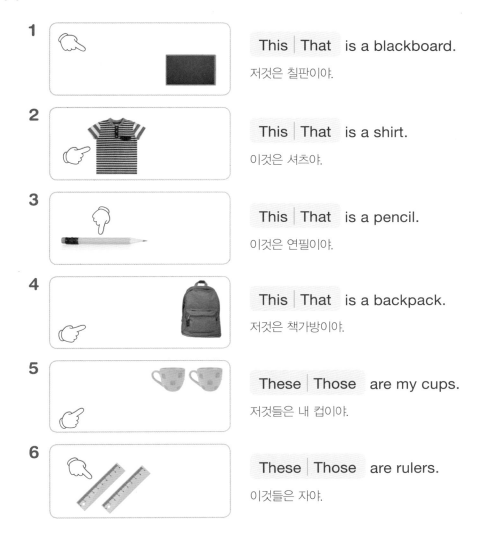

1 This | That is a blackboard.

저것은 칠판이야.

2 This | That is a shirt.

이것은 셔츠야.

3 This | That is a pencil.

이것은 연필이야.

4 This | That is a backpack.

저것은 책가방이야.

5 These | Those are my cups.

저것들은 내 컵이야.

6 These | Those are rulers.

이것들은 자야.

B 다음 우리말에 알맞은 지시대명사를 〈보기〉에서 골라 문장을 완성하세요.

1 What are _____? 이것들은 뭐예요?

2 Is _____ your cell phone? 저것은 당신의 핸드폰입니까?

3 _____ are his toys. 그것들은 그의 장난감이다.

4 _____ is my mom. 이분은 우리 엄마야.

보기

these
this
that
they

부정관사

UNIT 13

특별히 정해지지 않은 아무거나 '하나'를 가리킨다.

 영어에는 명사와 짝꿍처럼 붙어 다니는 **'관사'**라는 친구가 있어요. 이 '관사'는 명사 앞에 붙어서 **명사에 대한 정보를 제공**해 줍니다. 오늘은 관사 중에서 부정관사에 대해 알아봐요. 예를 들어, "I have a banana."(나는 바나나가 한 개 있어요.)라고 말할 때 a는 뒤에 나오는 바나나가 한 개이며 특정한 것이 아닌 일반적인 바나나라는 것을 알려줍니다.

이처럼 **부정관사(a/an)**는 특별히 정해지지 않은 **아무거나 '하나'**의 의미가 있어요. 부정관사는 **셀 수 있는 단수명사**와 함께 나오므로 셀 수 없는 명사나 복수명사와는 함께 쓸 수 없어요. 부정관사 a와 an은 의미는 같지만 뒤에 오는 **명사의 첫소리가 모음(a, e, i, o, u)으로 시작할 때는 an**을 쓰고 그 외에는 **a**를 쓴답니다.

부정관사(a/an) + 셀 수 있는 한 개의 명사	
a + 첫소리가 자음인 명사	**an + 첫소리가 모음인 명사**
a banana 바나나 한 개	an orange 오렌지 한 개
a cook 요리사 한 명	an eraser 지우개 한 개
a man 남자 한 명	an actor 배우 한 명
a raincoat 비옷 한 개	an umbrella 우산 한 개
a question 질문 하나	an egg 달걀 한 개
a hospital 병원 하나	*an hour 한 시간

■ hour는 h가 묵음(소리 생략)이 되면서 첫소리가 모음으로 나기 때문에 an hour가 됩니다.

 **Pop Quiz** 다음 단어들을 a가 쓰이는 단어와 an이 쓰이는 단어로 구분하여 쓰세요.

a	an

orange   banana
cook   eraser
actor   man   raincoat
umbrella   hour   question

Fun Practice

A 다음 빈칸에 a 또는 an을 쓰세요. 부정관사가 필요 없으면 X를 표시하세요.

1 _____ hospital

2 _____ dogs

3 _____ actor

4 _____ men

5 _____ eraser

6 _____ questions

B 그림을 보고 네모칸에 알맞은 부정관사를 고르세요. 부정관사가 필요 없으면 X를 고르세요.

1  There are   a | an | X   oranges on the table.

2  Do you have   a | an | X   umbrella?

3  I am going to buy   a | an | X   raincoat.

4 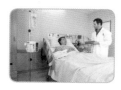 My dad works for   a | an | X   hospital.

C 다음 우리말에 알맞은 표현을 〈보기〉에서 골라 문장을 완성하세요.

1 I want to be _____.   나는 요리사가 되고 싶어.

2 Can I ask _____?   질문 하나 해도 되나요?

3 It is _____.   그것은 달걀이야.

4 How much is _____?   지우개 한 개는 얼마예요?

보기			
a cook	an cook	a question	an question
a egg	an egg	a eraser	an eraser

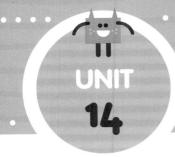

정관사

너도 알고 나도 아는 특정한 '그 ~'를 의미한다!

 오늘은 부정관사처럼 명사와 붙어다니지만 의미가 조금 다른 **정관사**에 대해 알아볼까요? 예를 들어, 내가 배가 너무 고픈데 친구가 "나 바나나 한 개 있는데."라며 바나나를 꺼내는 거예요. 그러면 반갑게 "그 바나나 나 줄래?"라고 물어볼 거예요. 이렇게 **앞에 나온 명사를 가리킬 때 정관사 the**를 쓰면 돼요. 다른 바나나가 아니라 친구가 꺼낸 그 바나나처럼 '특정한 그것'을 가리킬 때 정관사를 쓴답니다.

정관사는 앞에서 말한 것을 다시 말할 때나 **서로가 알고 있는 것**을 가리킬 때 써요. 또 **악기**나 **세상에 하나뿐인 것**을 말할 때도 사용해요.

정관사(the) +	**앞에서 말한 것** /	**악기** /	**세상에 하나뿐인 것**

정관사(the) + 명사	
앞에 나온 특정한 말을 가리킬 때나 서로가 알고 있는 것을 가리킬 때	I have a hamster. The hamster is very smart. 나는 햄스터가 있어. 그 햄스터는 아주 영리해. Please, close the door. 문 좀 닫아주세요.
악기와 함께 쓰일 때	play the piano 피아노를 연주하다 play the violin 바이올린을 연주하다
세상에 하나뿐인 것을 표현할 때	the earth 지구　the moon 달　the sun 해

■ 식사(breakfast, lunch, dinner)나 운동경기(baseball, soccer), 교통수단(by bike, by bus)은 관사 없이 사용해요.

Pop Quiz 다음 단어들을 the가 필요한 명사와 필요 없는 명사로 구분하여 쓰세요.

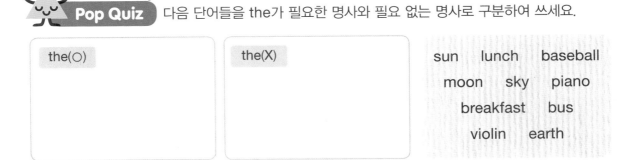

the(○)	the(X)

sun　lunch　baseball
moon　sky　piano
breakfast　bus
violin　earth

Fun Practice

A 다음 빈칸에 정관사가 필요하면 the를 쓰고, 필요 없으면 X를 표시하세요.

1 eat _____ dinner

2 play _____ violin

3 play _____ guitar

4 play _____ soccer

5 by _____ bus

6 have _____ breakfast

B 그림을 보고 네모칸에 알맞은 것을 고르세요.

1  I have a dog. The | X dog is very cute.

2  The | X earth is round.

3  I have the | X lunch every day.

4  Can you play the | X piano?

C 다음 우리말에 알맞은 표현을 〈보기〉에서 골라 쓰세요.

1 What's in _____?   그 동물원에는 뭐가 있니?

2 _____ is so sweet.   그 사탕은 정말 달다.

3 Please, open _____.   문 좀 열어 주세요.

4 My brother often plays _____.   우리 오빠는 자주 기타를 친다.

| 보기 | the door | the candy | the guitar | the zoo |

A 다음 네모칸에 들어갈 알맞은 말을 고르세요.

1 He has a cat. The │ A │ X │ cat is white.

2 I eat the │ a │ X │ breakfast.

3 Do you have a │ an │ X │ orange?

4 I want to be a │ an │ X │ pilot.

B 다음 그림을 보고 빈칸에 알맞은 지시대명사로 고쳐 보세요.

1

That is a chair.

➡ _____ is a chair.

2

This is my friend.

➡ _____ is my friend.

3

These are my aunts.

➡ _____ are my aunts.

C 다음 문장에서 틀린 부분을 바르게 고쳐 문장을 다시 쓰세요.

1 I can play trumpet. ➡ -------------------------------

2 They like to play the soccer. ➡ -------------------------------

3 The textbook is her. ➡ -------------------------------

4 I meet they. ➡ -------------------------------

D 다음 단어들을 올바른 순서로 배열해 완전한 문장을 만들어 보세요.

1 [is] [his computer] [This] . 이것은 그의 컴퓨터야.

➔ _____

2 [is] [Her favorite] [class] [P.E] . 그녀가 가장 좋아하는 수업은 체육이야.

➔ _____

E 다음 지문을 읽고 빈칸에 알맞은 대명사를 쓰세요.

1 My dad is a firefighter. _____ is brave. My mom is a doctor. _____ is so kind. My brother is a singer. _____ is gentle. I love them.

2 A: What are these?

B: _____ are giraffes.

A: What are those?

B: _____ are elephants.

F 다음 대화문을 읽고 밑줄 친 대명사 또는 관사의 종류를 쓰세요.

1 A: There is a bag on the table. Is <u>this</u> <u>yours</u>?

(　　　　　) (　　　　　)

B: Oh, yes. <u>It</u> is <u>mine</u>.

(　　　　　) (　　　　　)

2 A: I have <u>a</u> rabbit. <u>The</u> rabbit is really cute.

(　　　　　) (　　　　　)

B: I want to see it.

UNIT 16

be동사

주어의 상태와 신분을 나타내며 주어에 따라 변한다.

 문장의 맨 앞에 나오는 **주어의 상태나 기분**, 또는 주어가 누구인지 **신분**을 알려주는 동사를 **be 동사**라고 해요. "우리 엄마는 의사 선생님이야.(My mother is a doctor.)"처럼 엄마가 무엇을 하는 사람인지 **신분**을 알려줄 때나 "그녀는 지금 행복해.(She is happy now.)"처럼 **기분**을 나타낼 때 쓰입니다. 이 be동사는 동사 중에서 가장 많이 쓰이는 동사예요.

be동사는 주어 뒤에서 '~이다, ~이 있다'라는 뜻을 가집니다. 주어에 따라 형태가 달라지는 특징이 있지요. 주어로 I(나)가 나오면 **am**, **you**(너, 너희)가 나오면 **are**, 그리고 **he/she**(그/그녀)가 나오면 **is**가 됩니다. be동사의 형태가 달라진다고 뜻이 달라지는 것은 아니랍니다.

| be동사(am/are/is) | = | ~이다, ~이 있다 |

인 칭	주 어	be동사	축약형
1인칭	I 나는	am	I'm
	We 우리는	are	We're
2인칭	You 너는	are	You're
	You 너희는		
3인칭	She 그녀는	is	She's
	He 그는		He's
	It 그것은		It's
	They 그들은	are	They're

Pop Quiz 다음 주어에 알맞은 be동사를 쓰세요.

1 I →

2 She →

3 You(단수) →

4 He →

5 We →

6 It →

7 You(복수) →

8 Tom →

38

Fun Practice

A 다음 우리말과 같은 뜻이 되도록 알맞은 단어를 고르세요.

1 She [am | is] tired.   그녀는 피곤해.

2 You [is | are] so beautiful.   너는 정말 아름다워.

3 We [are | am] sleepy now.   우리는 지금 졸려요.

4 He [are | is] a doctor.   그는 의사야.

B 다음 빈칸에 들어갈 알맞은 be동사를 〈보기〉에서 골라 쓰세요.

1

They _____ at the library.

3

I _____ Tom.

보기

am

is

are

2

It _____ mine.

4

The butterfly _____ so pretty.

C 다음 밑줄 친 부분을 바르게 고쳐 문장을 다시 쓰세요.

1 This <u>am</u> my sister. → --

2 The movie <u>are</u> funny. → --

3 She <u>are</u> my best friend. → --

4 We <u>am</u> hungry now. → --

be동사의 부정문

'~아니다'라고 부정할 때는 'be동사 + not'으로 쓴다.

∩ MP3 17 강의 | 예문

부정문은 '~이 아니다'라고 사실이나 내용을 부정하는 문장을 말해요. 친구랑 영화를 봤는데 친구는 영화가 재미있다고 하는데 나는 그 영화가 재미없었다면 영어로 어떻게 이야기해야 할까요?

be동사의 부정문은 **be동사(am, are, is) 다음에 not**을 붙여서 만들어요. 영화가 재미없다는 말은 "The movie is not(isn't) interesting."이라고 하면 됩니다. 이때 주어와 be동사를 줄여서 말하는 축약형이 있듯이 be동사와 not도 줄여서 말할 수 있어요.

```
be동사  +  not  =  ~ 아니다, 없다
```

인 칭	주 어	be동사의 부정	축약형
1인칭	I 나는	am not	없음
	We 우리는	are not	aren't
2인칭	You 너는	are not	aren't
	You 너희는		
3인칭	She 그녀는 He 그는 It 그것은	is not	isn't
	They 그들은	are not	aren't

Pop Quiz 다음 주어에 알맞은 be동사의 부정형을 만들어 보세요.

1 I →

2 You(단수) →

3 He →

4 She →

5 It →

6 We →

7 You(복수) →

8 They →

Fun Practice

A 다음 우리말과 같은 뜻이 되도록 알맞은 표현을 고르세요.

1 I am not │ is not sleepy.   나는 졸립지 않아.

2 You is not │ are not short.   너는 키가 작지 않아.

3 They is not │ are not pilots.   그들은 비행기 조종사가 아니야.

4 He am not │ is not at home now.   그는 지금 집에 없어.

B 다음 빈칸에 들어갈 알맞은 단어를 〈보기〉에서 골라 쓰세요.

1

They _____ at school.
그들은 학교에 없어.

2

She is _____ poor.
그녀는 가난하지 않아.

3

It _____ my camera.
그것은 내 카메라가 아니야.

4

We are _____ singers
우리는 가수가 아니야.

보기

isn't

not

aren't

C 다음 문장을 부정문으로 바꾸어 쓰세요.

1 I am very busy. 나는 매우 바빠. → --

2 Kelly is happy. 켈리는 행복해. → --

3 It is heavy. 그것은 무거워. → --

4 They are Americans. 그들은 미국인이야. → --

UNIT 18

be동사의 의문문

be동사의 의문문은 'be동사 + 주어~?'로 '~이니?'라는 뜻이다.

주어의 **신분이나 상태에 대한 질문**을 하고 싶을 때 **be동사의 의문문**을 사용해요. 영어는 한국어와 달리 문장에 나오는 단어의 순서에 따라 의미가 달라져요. 보통 문장을 만들 때는 '**주어+동사~**'의 순서가 되지만 의문문은 '**동사+주어~?**'의 순서가 된답니다. be동사의 의문문은 be동사 다음에 주어가 온답니다.

예를 들어, '너는 ~이니?'라고 물을 때는 "Are you ~?"처럼 be동사 are가 먼저 오고 그 다음에 주어인 you가 옵니다. 대답은 긍정일 때는 "**Yes, I am.**"부정일 때는 "**No, I am not.**"으로 사용해요.

> **Be동사** + **주어 ~?** = **~이니?**

인 칭	주 어	의문문	대 답
1인칭	I 나는	Am I ~? 나는 ~이니?	Yes, you are. / No, you aren't.
	We 우리는	Are we ~? 우리는 ~이니?	Yes, you are. / No, you aren't.
2인칭	You 너는	Are you ~? 너는 ~이니?	Yes, I am. / No, I'm not.
	You 너희는	Are you ~? 너희는 ~이니?	Yes, we are. / No, we aren't.
3인칭	He 그는	Is he ~? 그는 ~이니?	Yes, he is. / No, he isn't.
	She 그녀는	Is she ~? 그녀는 ~이니?	Yes, she is. / No, she isn't.
	It 그것은	Is it ~? 그것은 ~이니?	Yes, it is. / No, it isn't.
	They 그들은	Are they ~? 그들은 ~이니?	Yes, they are. / No, they aren't.

■ "Are we ~?"로 물으면 "Yes, we are./No, we aren't."로 대답할 수도 있어요.

Pop Quiz 다음 주어에 알맞은 be동사의 의문문을 만들어 보세요.

1 I → _____ ~?

2 You(단수) → _____ ~?

3 He → _____ ~?

4 She → _____ ~?

5 It → _____ ~?

6 We → _____ ~?

7 You(복수) → _____ ~?

8 They → _____ ~?

🐞 Fun Practice

A 다음 우리말과 같은 뜻이 되도록 알맞은 표현을 고르세요.

1 Am she | Is she late for class?   그녀는 수업에 늦었니?

2 Are you | Is you tired?   너는 피곤하니?

3 Is this | Are this your bag?   이것은 너의 가방이니?

4 Is your friend | Are your friend busy?   네 친구는 바쁘니?

B 다음 질문에 알맞은 대답을 〈보기〉에서 골라 쓰세요.

1

Are you happy?   Yes, _____.

3

Is the movie boring?   No, _____.

2

Is Ken strong?   Yes, _____.

4

Are these yours?   No, _____.

| 보기 | he is | they aren't | I am | it isn't |

C 다음 문장을 의문문으로 바꾸어 쓰세요.

1 I am too tall. 나는 키가 너무 커. → _____

2 He is handsome. 그는 잘생겼어. → _____

3 You are kind. 너는 친절해. → _____

4 They are sea animals. 그것들은 해양생물이야. → _____

There is ~ / There are ~

'(사람이나 사물)이 있다'라고 말할 때는 There is/are를 사용한다.

MP3 19 강의 | 예문

 "내 방에는 고양이 한 마리가 있다."를 영어로는 어떻게 말할까요? "A cat is in my room."이라고 해도 되지만 'There is ~'라는 표현을 사용해서 "There is a cat in my room."이라고 표현할 수도 있어요.

'~이 있다'라고 말하고 싶을 때는 'There is (단수명사)/There are (복수명사)~'를 사용해요. 원래 there는 '그곳에'라는 뜻이 있지만 여기서는 아무런 뜻이 없어요. '~이 없다'라고 부정형으로 말할 때는 be동사 뒤에 not을 붙이면 됩니다.

| There is | + | 단수명사 | / | There are | + | 복수명사 | = | ~이 있다 |

종류	표현	문장
긍정	There is	There is **an apple** in your bag. 네 가방에 사과 하나가 있어.
부정	There is not (There isn't)	There isn't **an apple** in your bag. 네 가방에 사과 하나가 없어.
의문	Is there ~?	Is there **an apple** in your bag? 네 가방에 사과 하나가 있니?
긍정	There are	There are **three apples** in your bag. 네 가방에 사과 세 개가 있어.
부정	There are not (There aren't)	There aren't **three apples** in your bag. 네 가방에 사과 세 개가 없어.
의문	Are there ~?	Are there **three apples** in your bag? 네 가방에 사과 세 개가 있니?

Pop Quiz 그림을 보고 알맞은 표현을 고르세요.

1 There is | There are

2 There is | There are

3 There is | There are

4 There is | There are

Fun Practice

A 다음 There is와 There are에 알맞은 표현을 연결하세요.

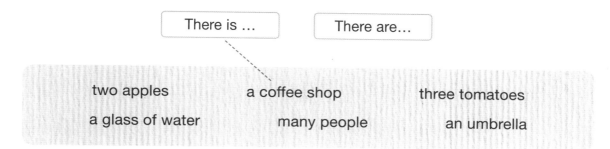

There is …	There are…

two apples   a coffee shop   three tomatoes

a glass of water   many people   an umbrella

B 다음 우리말에 알맞은 표현을 〈보기〉에서 골라 문장을 완성하세요.

1 _____ any milk in the bottle.   병에 우유가 하나도 없어.

2 _____ a cat on the sofa.   소파 위에 고양이 한 마리가 있어.

3 _____ a toilet around here?   여기 근처에 화장실이 있나요?

4 _____ ten people at the bookstore.   서점에 10명의 사람들이 있다.

보기   There are   There is   Is there   There isn't

C 다음 밑줄 친 부분을 바르게 고쳐 문장을 다시 쓰세요.

1 There is many flowers in the garden. 정원에 많은 꽃들이 있어.

➔ _____

2 Are there an orange on the desk? 책상에 오렌지 하나가 있니?

➔ _____

3 There isn't many tomatoes. 토마토가 많지 않아.

➔ _____

4 There are a dog in the box. 상자에 강아지 한 마리가 있어.

➔ _____

UNIT 20

일반동사의 현재형

be동사와 조동사를 제외한 나머지 동사를 일반동사라고 한다.

 주어 다음에 나와서 주어의 상태나 동작을 설명해주는 동사에는 몇 가지 종류가 있어요. 바로 우리가 배운 be동사, 동사를 도와주는 조동사, 그리고 **be동사와 조동사를 제외한 나머지 동사**, 예를 들어 '좋아하다, 먹다, 살다' 같은 '**일반동사**'가 있답니다.

오늘은 일반동사의 형태 중 현재형에 대해서 배워 볼게요. 일반동사의 현재형은 주어가 I, We, You(단수, 복수), They인 경우에는 동사의 원형, 즉 원래 형태로 사용해요. 하지만 **주어가 3인칭 단수 명사**, 예를 들어 **He, She, It**인 경우, 일반동사의 현재형은 동사의 원형에 '**-s/-es**'를 붙여야 합니다.

| 일반동사 | = | 움직임, 상태를 나타내는 동사 |

일반동사	문 장
like 좋아하다　　eat 먹다 live 살다　　　watch 보다 go 가다　　　sleep 자다 want 원하다　　have 가지다 love 사랑하다　 wear 입다 run 달리다　　 study 공부하다	I like ham and cheese sandwiches. 나는 햄치즈 샌드위치를 좋아해. They watch TV after dinner. 그들은 저녁식사 후에 TV를 봐. She sleeps at 10 o'clock. 그녀는 10시에 자. Sam lives in an apartment. 샘은 아파트에 살아.

- 일반동사의 3인칭 단수형 변화(-s/-es/-ies/불규칙): 대부분의 동사는 끝에 -s를 붙입니다.
  단어가 o, s, ch, sh, x로 끝나는 동사는 -es / 자음+y로 끝나는 동사는 y를 i로 고치고 -es를 붙입니다.
  예 go → goes, watch → watches, study → studies, have → has (불규칙)

Pop Quiz

일반동사에는 ○, 일반동사가 아닌 것에는 X를 표시하세요.

1 am ☐　　　　**4** live ☐　　　　**7** can ☐

2 want ☐　　　**5** have ☐　　　**8** are ☐

3 eat ☐　　　　**6** is ☐　　　　**9** throw ☐

Fun Practice

A 다음 네모칸에 들어갈 알맞은 일반동사의 형태를 고르세요.

1 You | want | wants |

2 I | eat | eats |

3 They | go | goes |

4 John | love | loves |

5 He | have | has |

6 We | like | likes |

7 It | run | runs |

8 She | study | studies |

B 다음 우리말에 알맞은 일반동사를 〈보기〉에서 골라 문장을 완성하세요.

1 My dad _____ breakfast at 7 o'clock.
우리 아빠는 7시에 아침을 드셔.

2 She _____ to church every Sunday.
그녀는 매주 일요일에 교회에 가.

3 I _____ a nice bag.
나는 멋진 가방을 가지고 있어.

4 We _____ school uniforms in school.
우리는 학교에서 교복을 입어.

보기

have

goes

eats

wear

C 다음 밑줄 친 부분을 바르게 고쳐 문장을 다시 쓰세요.

1 She study English every day. → _____
그녀는 매일 영어를 공부해.

2 I loves my brother. → _____
나는 우리 형을 사랑해.

3 They wants ham sandwiches. → _____
그들은 햄 샌드위치를 원해.

4 It live in a mountain. → _____
그것은 산에 살아.

일반동사의 부정문

일반동사의 부정문은 do/does 뒤에 not을 붙인다.

🎧 MP3 21 강의 | 예문

일반동사의 부정문은 어떻게 표현할까요? "나는 매운 음식을 좋아하지 않아."라고 할 때는 be동사처럼 동사 뒤에 바로 not을 붙일 수 없습니다. 일반동사는 **동사 앞에 do not(don't)**을 붙여야 해요. 즉, "I like not spicy food."가 아니라 "I don't like spicy food."라고 해야 합니다.

주어가 3인칭 단수, 현재형일 때 일반동사 뒤에 -s/-es를 붙였던 것처럼 일반동사의 부정문에서 do 동사도 3인칭 단수 현재형일 때는 **does**를 사용해야 해요. 즉, 주어가 He, She, It 등일 때는 **does not(doesn't)**을 붙입니다.

| 주어 | + | do not / does not | + | 동사원형 | = | ~하지 않는다 |

주 어	부정형	문 장
I You We They	do not(don't)+동사원형 ~하지 않는다	We don't watch TV in the evening. 우리는 저녁에 TV를 보지 않아. They don't like onions. 그들은 양파를 좋아하지 않아.
He She It	does not(doesn't)+동사원형 ~하지 않는다	He doesn't sleep at night. 그는 밤에 잠을 자지 않아. A wolf doesn't live in the jungle. 늑대는 정글에 살지 않아.

- 3인칭 단수 현재형 문장을 부정문으로 만들 때 doesn't 다음에는 동사원형이 와야 해요.
  예 She doesn't has a pen. (X) She doesn't have a pen. (O)

Pop Quiz 다음 일반동사의 부정형을 만들어 보세요.

1 She talks →

2 You sleep →

3 I wear →

4 They go →

5 Dan has →

6 A lion lives →

7 He studies →

8 We love →

Fun Practice

A 다음 네모칸에 들어갈 알맞은 단어를 고르세요.

1 He don't | doesn't sell lemons.

2 I don't | doesn't go to church on Sunday.

3 You don't | doesn't have a cell phone.

4 She don't | doesn't wear glasses.

1  2

3   4

B 다음 문장을 부정문으로 만들어 보세요.

1 You like spicy food.
너는 매운 음식을 좋아해.
→ You _____ _____ spicy food.

2 Elephants eat meat.
코끼리는 고기를 먹어.
→ Elephants _____ _____ meat.

3 Jenny has a soccer ball.
제니는 축구공을 가지고 있어.
→ Jenny _____ _____ a soccer ball.

4 I want new shoes.
나는 새 신발을 원해.
→ I _____ _____ new shoes.

C 다음 밑줄 친 부분을 바르게 고쳐 문장을 다시 쓰세요.

1 We <u>don't watches</u> TV at night.
우리는 밤에 TV를 보지 않는다.
→ --

2 She <u>doesn't wants</u> a pink dress.
그녀는 분홍색 드레스를 원하지 않아.
→ --

3 They <u>doesn't wear</u> gloves.
그들은 장갑을 끼지 않는다.
→ --

4 My brother <u>don't study</u> math.
우리 오빠는 수학 공부를 안 해.
→ --

일반동사의 의문문

UNIT 22

일반동사의 의문문은 'Do/Does + 주어 ~?'로 시작한다.

 친구에게 "너는 애완동물이 있니?"라고 영어로 물어보고 싶으면 뭐라고 해야 할까요? 원래 의문문은 '주어'와 '동사'의 자리를 바꿔서 만들어요. 일반동사의 의문문에서도 동사가 먼저 나오고 다음에 주어가 나와요. 하지만 일반동사의 부정문에서 do 동사를 사용한 것처럼 의문문도 **Do 동사**를 사용해서 표현합니다.

단, 주어가 3인칭 단수(He, She, It 등)이고 현재형일 때는 **Does**를 사용해요. 그 외의 경우에는 Do를 사용해서 문장을 시작하면 됩니다. 예를 들어 "너는 애완동물이 있니?"는 영어로 **"Do you have a pet?"**이라고 하면 된답니다. 3인칭 단수 현재형의 의문문에서도 부정문처럼 일반동사의 형태는 원형이 와야 해요.

> **Do/Does** + **주어** + **동사원형 ~?** = **~하니?**

주어	의문문	대답	문장
I You We They	Do ~ 동사원형?	Yes, ~ do. No, ~ don't.	Do you like chocolate? 너는 초콜릿을 좋아하니? Do they study English every day? 그들은 매일 영어를 공부하니?
He She It	Does ~ 동사원형?	Yes, ~ does. No, ~ doesn't.	Does she go to bed at 12 o'clock? 그녀는 12시에 자니? Does your grandma live in Seoul? 네 할머니는 서울에 사시니?

■ Do you ~?로 물었을 때는 Yes, I do. 또는 No, I don't.로 대답해요.

Pop Quiz 다음 일반동사의 의문형을 만들어 보세요.

1 I eat →

2 We wear →

3 He goes →

4 You have →

5 Sam loves →

6 It sleeps →

 **Fun Practice**

A 다음 네모칸에 들어갈 알맞은 단어를 고르세요.

1 Do | Does you like vegetables?

2 Do | Does he watch TV after school?

3 Do | Does she want a red dress?

4 Do | Does Ken have a black pen?

1    2

3   4

B 다음 질문에 알맞은 대답을 연결하세요.

1 Do you want some juice?
너는 주스를 원하니?

2 Does Scott play baseball on weekends?
스캇은 주말에 야구를 하니?

3 Do they go to school by subway?
그들은 학교에 지하철로 가니?

4 Does his friend like pizza?
그의 친구는 피자를 좋아하니?

•   • No, they don't.

•   • Yes, he does.

•   • Yes, I do.

•   • No, she doesn't.

C 다음 문장을 의문문으로 바꾸어 쓰세요.

1 Your dad goes to work by car. → ....
너희 아빠는 차 타고 출근하셔.

2 Daniel loves you. → ....
대니얼은 너를 사랑해.

3 She has a pink cup. → ....
그녀는 분홍 컵을 가지고 있어.

4 They eat hotdogs every day. → ....
그들은 매일 핫도그를 먹어.

Review 4

⌒ MP3 23 예문

A 다음 네모칸에 들어갈 알맞은 말을 고르세요.

1 Your sister   am | is | are   very hungry.

2 There   am | is | are   three students in the classroom.

3   Do | Does | Is   she go to school by bus?

4 It   isn't | doesn't | don't   my jacket.

5 Anne   eat | eats | does eats   breakfast at 7 o'clock.

B 다음 문장을 우리말 표시에 따라 알맞은 형태로 고쳐 보세요.
부=부정문, 의=의문문

1 His sister likes vegetables. 부 → His sister _____ vegetables.

2 You are a math teacher. 의 → _____ a math teacher?

3 There is a lamp in my room. 부 → _____ a lamp in my room.

4 He wants a robot. 의 → _____ a robot?

C 다음 문장에서 틀린 부분을 바르게 고쳐 문장을 다시 쓰세요.

1 She study English every day.   → ------------------------

2 Is there many people in the bank?   → ------------------------

3 We isn't singers.   → ------------------------

4 Does she goes to school at 8 o'clock?   → ------------------------

D 다음 단어들을 올바른 순서로 배열하여 완전한 문장을 만들어 보세요.

1 live in   Do you   an apartment ? 너는 아파트에 사니?

→ ....

2 doesn't   He   wake up early . 그는 일찍 일어나지 않아요.

→ ....

E 다음 지문을 읽고 괄호 안의 단어를 알맞은 형태로 고쳐 써 보세요.

1 There _____(be) four people in my family: my father, my mother, my brother

and me. I _____(be) ten years old. My brother _____(be) seven years old.

2 A: _____(do) he go to sleep at 10 o'clock every day?

B: No, he _____(do). He _____(go) to sleep at 12 o'clock.

A: Wow. That's too late!

F 다음 질문을 읽고 자신만의 답을 쓰세요.

1 Q: Do you like pizza?

A: ....

2 Q: Do they brush their teeth after lunch?

A: ....

3 Q: Is your brother a student?

A: ....

조동사 can

'할 수 있다!', '해도 된다'는 뜻을 지닌, 동사의 친구 can

🎧 MP3 24 강의 | 예문

 "나는 피아노를 칠 수 있어." "나는 수영을 할 수 있어." 이렇게 '무언가를 할 수 있다'고 말할 때 '**can**'이라는 **조동사**가 필요해요. 조동사는 동사를 도와서 동사의 의미를 보태준다고 해서 동사의 조력자, 조동사라고 불립니다. "I can play the piano.(나는 피아노를 칠 수 있어요.)" "I can swim.(나는 수영을 할 수 있어요.)" 이렇게 여러분도 할 수 있는 것들을 영어로 말해 보세요.

조동사 can은 '**～할 수 있다**'라는 **능력**의 의미 외에 '**～해도 된다**'는 **허가**의 뜻도 있어요. "집에 들어와도 괜찮아." "문을 열어도 돼."라고 누군가에게 어떤 일을 허락해줄 때도 can을 사용합니다.

be동사, 일반동사와 달리 조동사는 주어의 인칭에 따라 달라지지 않아요. 그리고 모든 조동사 다음에는 꼭 동사원형이 와야 한다는 점을 기억하세요.

[can] + [동사원형] = [~할 수 있다, ~해도 된다]

능력	～ 할 수 있다	I can play the guitar. 나는 기타를 칠 수 있어. She can climb the tree. 그녀는 나무를 오를 수 있어. My dad can speak French. 우리 아빠는 불어를 할 수 있어.
허가	～ 해도 된다	You can open the window. 너는 창문을 열어도 돼. He can go home now. 그는 이제 집에 가도 돼. They can leave now. 그들은 이제 떠나도 돼.

Pop Quiz 다음 우리말에 알맞은 조동사를 빈칸에 쓰세요.

1 말할 수 있다 → ____ speak

2 수영할 수 있다 → ____ swim

3 열어도 된다 → ____ open

4 떠나도 된다 → ____ leave

5 오를 수 있다 → ____ climb

6 운전할 수 있다 → ____ drive

7 가도 된다 → ____ go

8 울어도 된다 → ____ cry

Fun Practice

A 다음 네모칸에 들어갈 단어에 ○를 표시하고 알맞은 그림을 연결하세요.

1 My friend can skate | skates . •

2 I can plays | play the guitar. •

3 They can drive | drives a truck. •

4 She can rides | ride a bike. •

B 다음 우리말과 같은 뜻이 되도록 〈보기〉에서 단어를 골라 문장을 완성하세요.

1 I _____ _____ the tree. 　나는 나무를 오를 수 있어.

2 They _____ _____ Chinese. 　그들은 중국어를 할 수 있어.

3 You _____ _____ the window. 　창문 열어도 돼.

4 She _____ _____ to the toilet. 　그녀는 화장실에 가도 돼.

 보기　　　　go　　　speak　　　climb　　　open

C 다음 밑줄 친 부분을 바르게 고쳐 문장을 다시 쓰세요.

1 I can <u>cooks</u> pasta. → ----------------------------
나는 파스타를 만들 수 있어.

2 She <u>cans</u> swim in the sea. → ----------------------------
그녀는 바다에서 수영할 수 있어.

3 My mother can <u>drives</u> a car. → ----------------------------
우리 엄마는 자동차를 운전할 수 있어.

4 You <u>can uses</u> my computer. → ----------------------------
너는 내 컴퓨터를 사용해도 돼.

UNIT 25

조동사 may

'~일지도 모른다', '~해도 된다'는 뜻의 조동사 may

🎧 MP3 25 강의 | 예문

 앞에서 배운 조동사 can은 '~해도 된다'는 허락의 의미가 있었어요. 조동사 **may**도 **허가**의 뜻이 있어요. 집에서 숙제를 하다 친구랑 놀고 싶어 엄마에게 나가도 되는지 물어 보았더니 엄마가 "You may go out.(나가도 좋아.)"이라고 하셨어요.

그런데 나가려고 보니 비가 올 것 같이 날씨가 흐리네요. 이렇게 **확실하지 않은 일에 대해서 추측**을 할 때 "It may rain today.(오늘 비가 올지도 모른다.)"처럼 may라는 조동사를 사용해서 말할 수 있답니다. 조동사 can처럼 may 뒤에도 반드시 동사원형이 와야 해요.

이제 **허가**와 약한 **추측**의 의미를 가진 조동사 **may**가 사용된 예문을 살펴볼까요?

<table>
<tr><td>may</td><td>+</td><td>동사원형</td><td>=</td><td>~해도 된다, ~일지도 모른다</td></tr>
</table>

허 가	~해도 된다	You may use my computer. 제 컴퓨터를 사용해도 돼요. They may come in. 그들은 들어와도 좋아요. She may stay here. 그녀는 여기에 머물러도 좋아요.
추 측	~일지도 모른다	He may leave tomorrow. 그는 내일 떠날지도 몰라. Emma may be late for school. 엠마는 학교에 늦을지도 몰라. It may snow. 눈이 올지도 몰라.

■ 허가를 나타내는 may는 can보다 정중한 표현입니다.

Pop Quiz 다음 우리말에 알맞은 단어를 빈칸에 쓰세요.

1	사용해도 된다	→		use
2	머물러도 된다	→		stay
3	통과할지 모른다	→		pass
4	눈이 올지도 모른다	→		snow

5	와도 된다	→		come
6	봐도 된다	→		watch
7	늦을지 모른다	→		be late
8	이길지도 모른다	→		win

Fun Practice

A 다음 네모칸에 들어갈 단어에 ○를 표시하고 알맞은 그림을 연결하세요.

1 It may rain | rains today.

2 You may watches | watch TV.

3 She may leaves | leave the room.

4 They may sleep | sleeps here.

B 다음 우리말과 같은 뜻이 되도록 〈보기〉에서 단어를 골라 문장을 완성하세요.

1 She _____ _____ late for class. 　　그녀는 수업에 늦을지도 몰라.

2 He _____ _____ in. 　　그는 들어와도 됩니다.

3 They _____ _____ the game. 　　그들은 경기에 이길지도 몰라.

4 You _____ _____ my cell phone. 　　제 핸드폰을 사용해도 돼요.

보기　　　　win　　　　come　　　　use　　　　be

C 다음 밑줄 친 부분을 바르게 고쳐 문장을 다시 쓰세요.

1 It mays snow soon.　　→　----------------------------------
곧 눈이 올지도 몰라.

2 You may goes out.　　→　----------------------------------
나가도 돼요.

3 His sister may loses the umbrella.　→　----------------------------------
그의 여동생은 우산을 잃어버릴지도 몰라.

4 They mays come early.　　→　----------------------------------
그들은 일찍 올지도 몰라.

UNIT 26
조동사 can & may의 부정문

can과 may의 부정문은 조동사 바로 뒤에 not을 붙여 만든다.

 친구들이 같이 수영을 하자고 하는데 나는 수영을 못한다고 영어로 말하려면 뭐라고 이야기해야 할까요? 이때는 조동사 can에 not을 붙여 부정문을 만들면 된답니다. "I can not swim."처럼 **can not**(cannot, can't)은 '**~을 할 수 없다**'는 뜻이에요.

내일 태권도 승급 시험이 있는데 영 자신이 없네요. 이때는 "I may not pass the test.(나는 시험에 통과하지 못할지도 몰라.)"라고 말하면 된답니다. 이렇게 '**~하지 못할지도 몰라**'라고 할 때 **may not**을 사용합니다.

위의 뜻 외에도 can과 may에는 허가의 뜻이 있으므로 **can not**(cannot, can't), **may not**은 '**~하면 안 된다**'라는 의미가 된답니다.

| can, may 부정문 | = | 주어 | + | can not(can't) / may not | + | 동사원형 |

can not(cannot, can't) + 동사원형	능력(~할 수 없다)	Jenny can't skate. 제니는 스케이트를 탈 수 없어.
	허가(~하면 안 된다)	They cannot jump on the bed. 그들은 침대에서 뛰면 안 돼.
may not + 동사원형	추측(~ 아닐지도 몰라)	He may not be late. 그는 늦지 않을지도 몰라.
	허가(~하면 안 된다)	You may not watch TV at night. 너는 밤에 TV를 보면 안 돼.

Pop Quiz
우리말에 알맞은 조동사의 부정형에 ✓를 표시하세요. 둘 다 맞으면 모두 표시하세요.

1 수영할 수 없다
cannot swim ☐
may not swim ☐

2 오지 않을지 모른다
cannot come ☐
may not come ☐

3 뛰면 안 된다
cannot run ☐
may not run ☐

4 늦으면 안 된다
cannot be late ☐
may not be late ☐

5 도울 수 없다
cannot help ☐
may not help ☐

6 비가 안 올지 모른다
cannot rain ☐
may not rain ☐

Fun Practice

A 다음 영어 문장과 뜻이 같은 우리말을 연결하세요.

1 She cannot sit on the table. •

2 Joe may not pass the test. •

3 Dogs can't climb a tree. •

4 You may not win the game. •

• 개들은 나무를 오를 수 없어.

• 너는 그 경기에 이기지 못할지 몰라.

• 그녀는 탁자 위에 앉으면 안 돼.

• 조는 시험에 통과 못할지도 몰라.

B 다음 그림을 보고 빈칸에 알맞은 동사를 〈보기〉에서 골라 쓰세요.

1

They can't _____ the robot.

2

It may not _____.

3

Lucy can't _____.

4

You may not _____
in the library.

보기	fix/fixes	run/runs	snow/snows	ski/skis

C 다음 밑줄 친 부분을 바르게 고쳐 문장을 다시 쓰세요.

1 She <u>can't drives</u> a truck. → --

2 They <u>don't may come</u> early. → --

3 He <u>mays not watch</u> TV. → --

4 Ken <u>cans not eat</u> food here. → --

조동사 can & may의 의문문

can과 may의 의문문은 '조동사+주어+동사원형 ~?'으로 만든다.

MP3 27 강의 | 예문

 집에 오는 길에 길을 찾고 있는 외국인을 만났어요. 외국인이 "Can you help me?(저를 도와주시겠어요?)", "Can you speak English?(영어를 할 수 있나요?)"라고 물어봅니다. 'Can you+동사원형~?'은 '당신은 ~할 수 있나요?'라는 표현으로 상대방에게 도움을 요청하거나 상대방이 무엇을 할 수 있는지 물어보는 표현입니다.

아니면 여러분이 다가가 "Can/May I help you?(제가 도와드릴까요?)"라고 물어볼 수 있어요. 'Can I ~?/May I ~?'는 '내가 ~해도 될까요?'라고 상대방의 허락을 구하는 표현이에요.

| can, may 의문문 = | Can/May | + | 주어 | + | 동사원형 ~? |

조동사	질 문	대 답
Can 능력 (~할 수 있니?)	Can you ride a bike? 너는 자전거를 탈 수 있니? Can she speak Japanese? 그녀는 일본어를 할 수 있니?	Yes, I can. (긍정) / No, I can't. (부정) Yes, she can. / No, she can't.
Can 도움 요청 (~해 주겠니?)	Can you open the door? 문 좀 열어줄래요?	Yes, I can. / No, I can't.
Can/May 허가 (~해도 되나요?)	Can I sit here? 여기 앉아도 돼요? May I come in? 제가 들어가도 될까요?	Yes, you can. / No, you can't. Yes, you may. / No, you may not.

Pop Quiz 다음 조동사 의문형에 들어갈 알맞은 단어를 고르세요.

1 Can I speak │ speaks ~?

2 May I sits │ sit ~?

3 Can she comes │ come ~?

4 May I take │ takes ~?

5 Can I plays │ play ~?

6 May I use │ uses ~?

7 Can he rides │ ride ~?

8 May I drink │ drinks ~?

Fun Practice

A 그림에 알맞은 문장을 〈보기〉에서 골라 번호를 쓰세요.

1

2

3

> **보기**
> ① May I take your order?　② Can you play the drum?
> ③ Can you open the window?

B 다음 질문에 알맞은 대답을 연결하세요.

1 Can you speak French?　•
프랑스어를 할 수 있니?

2 Can I watch this?　•
이것을 봐도 돼요?

3 May I go to your office?　•
당신 사무실에 가도 되나요?

4 Can he stay at your house?　•
그가 당신의 집에 묵어도 되나요?

• Yes, you may.

• No, I can't.

• Yes, you can.

• No, he can't.

C 다음 문장을 우리말에 알맞은 의문문으로 고쳐 쓰세요.

1 You can ride a bike.　→ ....
너는 자전거를 탈 수 있니?

2 She can sit here.　→ ....
그녀가 여기 앉아도 돼요?

3 You may use my laptop.　→ ....
제가 당신의 노트북을 써도 되나요?

4 You may drink some water.　→ ....
제가 물을 좀 마셔도 되나요?

조동사 must & should

UNIT 28

'꼭 해야 한다', '틀림없다'의 강한 의무와 추측의 must와 충고, 권유의 should

 만약 여러분이 신호등이 빨간 불일 때 건넌다면 부모님이 뭐라고 이야기하실까요? "You must stop at the red light.(빨간 불에는 멈춰야 해)"라고 하실 거예요. 절대 안 되는 일, **꼭 지켜야 하는 규칙이나 의무**에 대해서 이야기할 때 조동사 **must**를 사용합니다.

그에 반해 조동사 **should**는 '~해야 한다, ~하는 게 좋겠다'라는 **약한 의무와 충고, 조언**을 할 때 사용해요. must는 강한 의무를, should는 약한 의무를 나타냅니다.

조동사 must는 '~임에 틀림없다'라는 **강한 추측**을 나타낼 때도 사용된답니다. 예를 들어, 길고양이가 울면서 여러분을 따라온다면, "You must be very hungry.(배가 많이 고픈 게 틀림없구나.)"라고 추측할 수 있어요. must와 should 뒤에는 동사원형을 써야 해요.

| **must** + 동사원형 = | 꼭 ~해야 한다, ~임에 틀림없다 |
| **should** + 동사원형 = | ~해야 한다, ~하는 게 좋겠다 |

must	강한 의무(꼭 ~해야 한다)	You must wash your hands. 너는 손을 꼭 씻어야 해.
	강한 추측(~임에 틀림없다)	He must be late for class. 그는 수업에 늦은 게 틀림없어.
should	약한 의무(~해야 한다)	You should save water. 너희는 물을 절약해야 해.
	권유, 충고(~하는 게 좋겠다)	You should see a doctor. 너는 의사에게 가보는 게 좋겠어.

■ 강한 의무를 나타내는 must는 have to와 바꿔 쓸 수 있어요. have to의 경우 주어가 3인칭 단수일 때는 has to가 됩니다.
예 She has to(= must) wash her hands.

 **Pop Quiz** 다음 주어와 조동사 뒤에 올 알맞은 동사를 고르세요.

1 She must   keeps | keep

2 They must   be | are

3 You have to   park | parks

4 You should   see | sees

5 We should   saves | save

6 He has to   brush | brushes

Fun Practice

A 다음 영어 문장과 뜻이 같은 우리말을 연결하세요.

1 You must brush your teeth. • • 그들은 부자인 게 틀림없어.

2 She should eat more fruits. • • 너는 꼭 이를 닦아야 해.

3 They must be rich. • • 존은 지금 집에 가야 해.

4 John has to go home now. • • 그녀는 과일을 더 먹는 게 좋겠어.

B 다음 우리말에 알맞은 조동사를 〈보기〉에서 골라 문장을 완성하세요.

1 It _____ be true. 그것은 사실임에 틀림없어.

2 They _____ stop at the red light. 그들은 빨간 불에는 꼭 멈춰야 해.

3 You _____ stay in a bed. 너는 침대에 누워 있는 게 좋겠어.

4 My mother _____ finish her work. 우리 엄마는 꼭 일을 끝내야 해.

보기			
should	must	have to	has to

C 다음 밑줄 친 부분을 바르게 고쳐 문장을 다시 쓰세요.

1 He <u>musts</u> keep the rule. → --------------------------------
그는 규칙을 지켜야만 해.

2 They <u>save should</u> energy. → --------------------------------
그들은 에너지를 절약해야 해.

3 You must <u>are</u> very tired. → --------------------------------
당신은 무척 피곤한 게 틀림없어요.

4 We <u>has to</u> wash our hands. → --------------------------------
우리는 손을 씻어야만 해.

조동사 must & should의 부정문, 의문문

UNIT 29

must & should의 부정문은 조동사 뒤에 not, should 의문문은 'Should+주어~?'로 만든다.

 조동사 **must**는 **강한 의무**를 나타냅니다. 그렇다면 **must not**은 무슨 의미일까요? '**절대로 ~해서는 안 된다**'라는 **강한 금지**의 뜻이에요. 도서관이나 극장 등 공공장소에 가면 해서는 안 될 행동들을 표현할 때 must not을 쓸 수 있어요.

하지 않는 것이 좋을 일에는 **should not (shouldn't)**을 사용합니다. '**~해서는 안 된다, ~하지 않는 게 좋겠다**'는 **약한 의무**나 **충고**의 뜻이에요. 친구가 컴퓨터 게임에 너무 빠져 있다면 "You should not play the computer games.(컴퓨터 게임을 하지 않는 게 좋겠어.)"라고 충고해줄 수 있어요. Should의 의문문은 'Should+주어~?'로 '~해야 하나요?'의 뜻이 됩니다.

| 부정문 = | must / should | + not | 의문문 = | Should | + 주어~? |

must not **(mustn't)**	강한 금지 (절대로 ~해서는 안 된다)	You must not fight with your brother. 너는 형이랑 싸우면 안 돼.
should not **(shouldn't)**	약한 의무, 권유 (~해서는 안 된다, ~하지 않는 게 좋겠다)	You should not waste your time. 네 시간을 낭비해서는 안 돼. You should not go to school today. 너는 오늘 학교에 가지 않는 게 좋겠어.
Should + 주어~?	약한 의무의 의문문 (~해야 하나요?)	Should I read this book? 제가 이 책을 읽어야 하나요?

■ have to(has to)의 부정문인 'don't have to~'는 '~할 필요가 없다'는 뜻이에요.
  예 You don't have to sing a song. 너는 노래할 필요가 없어.

Pop Quiz
다음 우리말 표시에 따라 밑줄 친 부분을 알맞게 고치세요.
부=부정형, 의=의문형

1 I <u>must eat</u> 부 → _____

2 You <u>must go</u> 부 → _____

3 He <u>should waste</u> 부 → _____

4 I <u>should finish</u> 의 → _____

5 They <u>must tell</u> 부 → _____

6 She <u>should be</u> 의 → _____

Fun Practice

A 다음 영어 문장과 뜻이 같은 우리말을 연결하세요.

1 Scott must not fight with friends. •

2 You should not be late for school. •

3 Should Carry read this book? •

4 They should finish their homework. •

• 캐리가 이 책을 읽어야 하나요?

• 스캇은 절대로 친구들과 싸우면 안 돼.

• 그들은 숙제를 끝내는 게 좋겠어.

• 여러분은 학교에 지각하면 안 돼요.

B 다음 문장을 괄호 안의 지시대로 의문문이나 부정문으로 만들어 보세요.

1 You must eat the fast food. 너는 패스트푸드를 먹어야 해. (부정문)

→ _____

2 She should spend much money. 그녀는 돈을 많이 쓰는 게 좋겠어. (부정문)

→ _____

3 He should watch this film. 그는 이 영화를 봐야 해. (의문문)

→ _____

4 We must tell lies. 우리는 거짓말을 해야 해. (부정문)

→ _____

C 다음 밑줄 친 부분을 바르게 고쳐 문장을 다시 쓰세요.

1 We should are not late for the lesson. → _____
우리는 그 수업에 늦지 않는 게 좋겠어.

2 Should eat I all this? → _____
내가 이걸 다 먹어야 해?

3 She should not wastes energy. → _____
그녀는 에너지를 낭비하면 안 돼.

4 They don't must smoke here. → _____
그들은 절대로 여기서 담배를 피우면 안 돼.

🎧 MP3 30 예문

A 다음 우리말과 같은 뜻이 되도록 알맞은 조동사를 고르세요.

1 Sophia may | must | should be late for class. 소피아는 수업에 늦을지 몰라요.

2 You can | must | may save the water. 너는 물을 절약해야 해.

3 Must | Can | Should you close the window? 창문 좀 닫아줄래요?

4 He may | can | should see a doctor. 그는 의사에게 진찰을 받는 게 좋겠어.

5 Cane must | should | may leave the room now. 케인은 지금 방을 나가도 된다.

B 다음 문장을 괄호 안의 지시대로 알맞은 형태로 고쳐 보세요.

1 We should help other people. (의문문) → _____ help other people?

2 She may stay at my house. (부정문) → She _____ stay at my house.

3 My mother can play the flute. (의문문) → _____ play the flute?

4 You must run in the museum. (부정문) → You _____ run in the museum.

C 다음 조동사 문장에서 틀린 부분을 바르게 고쳐 문장을 다시 쓰세요.

1 You don't must fight with your sister. → --------------------------------

2 Does Tom should wash his hands? → --------------------------------

3 They can eat not the food there. → --------------------------------

4 Can she watches this with us? → --------------------------------

D 다음 단어들을 올바른 순서로 배열하여 완전한 문장을 만들어 보세요.

1 must   She   be tired . 그녀는 피곤한 게 틀림없어.

→ _____

2 be late for   Liz   school today   may . 리즈는 오늘 학교에 늦을지도 몰라.

→ _____

E 다음 지문을 읽고 괄호 안의 표현을 부정형이나 의문형으로 고쳐 쓰세요.

1 A: _____(you can) play the piano?

B: No, I _____(can). _____(you can) play the piano?

A: Yes, I can.

2 There are two rules in this library.

First, you _____(must) fight with your friends.

Second, you _____(should) eat food here.

F 다음 질문을 읽고 자신만의 답을 쓰세요.

1 Q: Can you swim?

A: _____

2 Q: Can I eat some food in the movie theater?

A: _____

3 Q: Should we save energy?

A: _____

동사의 현재형

평소의 습관, 현재의 사실, 불변의 진리를 나타낸다!

🎧 MP3 31 강의 I 예문

 영어에서는 어떤 일이 **언제 일어났느냐**에 따라 동사의 형태가 달라집니다. 이것을 **시제**라고 해요. 예를 들어 "어제 친구를 만났다."와 같이 과거에 일어난 일은 **과거형**을 쓰고, "오늘 친구를 만난다."처럼 **현재 발생하는 일**은 현재형을 씁니다. 또 "내일 친구를 만날 것이다."처럼 **앞으로 일어날 일**을 나타낼 때는 **미래형**을 쓴답니다. 이 중에서 오늘은 **매일 하는 일**이나 **현재의 사실**을 나타낼 때 쓰는 **현재형**에 대해 알아볼까요?

현재형은 be동사나 일반동사의 원형을 쓰는데 주어에 따라 형태가 변해요. **be동사**는 주어에 따라 **am/are/is**를 쓰고, 일반동사는 **동사원형**이나 **동사원형+-s/-es**를 쓰지요. 동사의 현재형은 평소의 습관이나 현재의 사실, 속담이나 변하지 않는 진리를 나타낼 때 씁니다.

| 현재형 | = | **be동사 : 주어 + am/are/is** |
| | | **일반동사 : 주어 + 동사원형/ 동사원형 + -s(-es)** |

늘상 하는 평소의 습관	I get up at six. 나는 6시에 일어나. He walks to school. 그는 학교에 걸어서 가.
현재의 사실이나 상태	My brother is very healthy. 내 남동생은 아주 건강해. I live in Seoul now. 나는 지금 서울에 살아.
속담이나 불변의 진리	Slow and steady wins the race. 꾸준함이 경주에서 승리한다. The sun rises in the east. 해는 동쪽에서 떠오른다.

 **Pop Quiz** 다음 주어에 알맞은 동사의 현재형을 고르세요.

1 I   walk | walks

2 He   live | lives

3 They   are | is

4 You   win | wins

5 Minho   sing | sings

6 My sister and I   am | are

Fun Practice

A 〈보기〉에서 3인칭 단수명사에 ○를 표시하고 빈칸에 알맞은 주어를 쓰세요.

보기

The man
My aunt
It
I
They
You
Sue

----
walks
그 남자는 걷는다

----
snows
눈이 온다

----
plays
수는 놀고 있다

----
likes
우리 이모는 좋아한다

B 다음 네모칸에 알맞은 동사의 현재형을 골라 문장을 완성하세요.

1 The sun rise | rises in the east. 해는 동쪽에서 떠오른다.

2 He often go | goes to the library. 그는 도서관에 자주 가.

3 My friend live | lives in Tokyo. 내 친구는 도쿄에 살아.

4 My dad and I exercise | exercises every morning. 아빠와 나는 매일 아침 운동을 해.

C 다음 우리말에 알맞은 동사를 〈보기〉에서 골라 문장을 완성하세요.

1 Mary _____ at seven. 　　메리는 7시에 일어나.

2 It _____ a lot in winter. 　　겨울에는 눈이 많이 와.

3 I _____ strawberry juice. 　　나는 딸기 주스를 좋아해.

4 They _____ in a flower shop. 　　그들은 꽃집에서 일해.

보기　　work/works　　get up/gets up　　like/likes　　snow/snows

UNIT 32

현재진행형

지금 하고 있는 일을 나타낸다.

 엄마랑 같이 요리를 하고 있는데 친구가 전화해서 "What are you doing now?(너 지금 뭐하고 있니?)"라고 물어보면 뭐라고 답해야 할까요? **지금 하고 있는 일이나 동작에 대해서 이야기할 때는 현재진행형을 사용해야 해요.**

현재진행형은 **be동사에 현재분사(동사원형+-ing)**를 붙여서 표현합니다. 현재진행형에 쓰이는 be동사는 **주어에 따라 am, are, is**로 달라집니다. 그러니까 위에서 친구가 물어본 질문에 대한 내 대답은 "I'm cooking.(나 요리하고 있어.)"이라고 표현할 수 있어요.

현재진행형 (~하고 있다)	=	be동사 (am/are/is)	+	동사원형 + -ing

주 어	동 사	문 장
I	am -ing	I am cooking now. 나는 지금 요리하고 있어.
You We They	are -ing	We are cleaning the living room. 우리는 거실을 청소하고 있어. They are singing. 그들은 노래를 부르고 있어.
He She It	is -ing	She is eating apples. 그녀는 사과를 먹고 있어. He is playing chess. 그는 체스를 하고 있어.

■ 현재분사형의 예외: -e로 끝나는 동사는 e를 생략하고 -ing를 붙이고(come → coming), -ie로 끝나는 동사는 -ie를 y로 고치고 -ing를 붙여요(lie → lying). 그리고 자음을 반복하는 경우도 있어요(run → running, swim → swimming, sit → sitting).

Pop Quiz 밑줄 친 동사를 현재진행형으로 바꿔 보세요.

1 I clean →

2 She sings →

3 We eat →

4 He watches →

5 They run →

6 Peter plays →

70

Fun Practice

A 다음 네모칸에 들어갈 알맞은 말을 고르세요.

1 I am | is playing the flute.

2 She am | is walking to school.

3 He are | is watching a basketball game.

4 They are | is eating breakfast.

B 다음 우리말에 알맞은 동사를 〈보기〉에서 골라 현재진행형을 만들어 보세요.

보기	clean	watch	sit	bake

1 Minho _____ _____ on the sofa.   민호는 소파에 앉아 있어.

2 She _____ _____ TV.   그녀는 TV를 보고 있어.

3 They _____ _____ the classroom.   그들은 교실을 청소하고 있어.

4 He _____ _____ cookies.   그는 쿠키를 굽고 있어.

C 다음 밑줄 친 부분을 바르게 고쳐 문장을 다시 쓰세요.

1 I are listening to music.   → ....
   나는 음악을 듣고 있어.

2 My father are read a book.   → ....
   아빠는 책을 읽고 계셔.

3 He are playing the piano.   → ....
   그는 피아노를 치고 있어.

4 She is clean her room.   → ....
   그녀는 자기 방을 청소하고 있어.

UNIT 33

현재진행형의 부정문과 의문문

부정문은 be동사 뒤에 not을 넣고 의문문은 be동사를 맨 앞으로 보낸다.

 MP3 33 강의 | 예문

 이번 과에서는 **현재진행형의 부정문과 의문문**을 어떻게 표현하는지 알아볼게요. 예를 들어, 엄마가 "너 지금 컴퓨터 게임하고 있니?"라고 물으면 "나 컴퓨터 게임 안 해요."를 영어로 어떻게 말해야 할까요?

현재진행형의 **부정문**은 **be동사 뒤에 not**을 넣어 "I am not playing computer games."라고 하면 됩니다. 현재진행형의 **의문문**은 **be동사를 맨 앞으로** 보내서 "Are you playing computer games?"라고 하면 됩니다. 대답이 **긍정**일 때는 "**Yes, I am.**", **부정**일 때는 "**No, I'm not.**"이라고 하면 됩니다. 주어의 인칭과 수에 따라 be동사는 am/are/is로 바꿔주어야 해요.

현재진행형의 부정문 (~하고 있지 않다) = **주어** + **be동사** + **not** + **-ing**

I am not playing computer games. 나는 컴퓨터 게임을 하고 있지 않아.
She is not playing computer games. 그녀는 컴퓨터 게임을 하고 있지 않아.
They are not playing computer games. 그들은 컴퓨터 게임을 하고 있지 않아.

현재진행형의 의문문 (~하고 있니?) = **Be동사** + **주어** + **-ing ~?**

Are you playing computer games? 너는 컴퓨터 게임을 하고 있니?
Is she playing computer games? 그녀는 컴퓨터 게임을 하고 있니?
Are they playing computer games? 그들은 컴퓨터 게임을 하고 있니?

Pop Quiz 다음 문장들을 현재진행형의 부정문과 의문문으로 고쳐 보세요.

긍정문	부정문	의문문
1 I am singing.		
2 You are singing.		
3 She is singing.		
4 We are singing.		

# Fun Practice

A 다음 중 알맞은 네모칸에 not을 넣어 현재진행형의 부정문을 만들어 보세요.

1 I ☐ am ☐ watching ☐ a drama.
나는 드라마를 보고 있지 않아.

2 My brother ☐ is ☐ cleaning ☐ his room.
내 남동생은 그의 방을 청소하고 있지 않아.

3 My sister and I ☐ are ☐ walking ☐ on the street.
우리 언니하고 나는 거리를 걸어 다니고 있지 않아.

4 She ☐ is ☐ washing ☐ the dish.
그녀는 그릇을 씻고 있지 않아.

B 다음 우리말에 알맞은 be동사를 〈보기〉에서 골라 현재진행형의 의문문을 만들어 보세요.

1 _____ you studying now? 너는 지금 공부하고 있니?

2 _____ Mary answering the phone? 메리는 전화를 받고 있니?

3 _____ they eating breakfast? 그들은 아침을 먹고 있니?

4 _____ I laughing loud? 내가 크게 웃고 있니?

보기			
	Is	Are	Am

C 다음 현재진행형 문장을 의문문으로 바꿔 보세요.

1 I am listening to music. → _____

2 Your aunt is cooking. → _____

3 They are pushing the cart. → _____

4 Minho is drawing a picture. → _____

UNIT 34

과거형 be동사

지나간 일의 상태는 was/were로 표현한다!

 "나는 아까 기분이 좋았어." 또는 "나는 어제 아팠어."처럼 지나간 일의 상태를 표현할 때는 **과거형 be동사**인 **was/were**를 사용해서 나타냅니다. 과거형 be동사는 '**주어의 지나간 일의 상태**'를 나타내어 '**~이었다**' 또는 '**~이 있었다**'라는 뜻을 나타냅니다. 주어가 단수이면 was, 복수이면 were를 쓰며 You(너, 너희)의 경우 were를 씁니다. **의문문은 주어와 be동사의 위치를 바꿔**줍니다.

과거형 be동사 (~이었다/~이 있었다) **=** **주어** **+** **was/were**

I was sick. 나는 아팠어.	You were sick. 너는 아팠어.	He was sick. 그는 아팠어.
We were sick. 우리는 아팠어.	You were sick. 너희는 아팠어.	They were sick. 그들은 아팠어.

과거형 be동사 의문문 (~이었니? / ~이 있었니?) **=** **Was / Were** **+** **주어 ~?**

질 문	대 답
Were you sick? 너는 아팠니?	Yes, I was. 응. 난 아팠어. No, I wasn't(=was not). 아니. 난 안 아팠어.
Was he sick? 그는 아팠니?	Yes, he was. 응. 그는 아팠어. No, he wasn't(=was not). 아니. 그는 아프지 않았어.
Were they sick? 그들은 아팠니?	Yes, they were. 응. 그들은 아팠어. No, they weren't(=were not). 아니. 그들은 아프지 않았어.

 **Pop Quiz** 다음 주어에 알맞은 과거형 be동사와 부정형을 쓰세요.

		과거형	부정형			과거형	부정형
1	He			4	We		
2	Brian			5	I		
3	They			6	She		

Fun Practice

A 다음 우리말과 같은 뜻이 되도록 알맞은 단어를 고르세요.

1 I was | were sick yesterday. 나는 어제 아팠어.

2 They was | were very hungry. 그들은 배가 아주 고팠어.

3 The weather was | were nice last week. 지난주에는 날씨가 좋았어.

4 My brother and I was | were happy. 남동생과 나는 행복했어.

B 다음 질문에 알맞은 대답을 〈보기〉에서 골라 쓰세요.

1 Was it really fun?
그거 정말 재미있었어?

Yes, it _____.

2 Were you late yesterday?
너 어제 지각했니?

Yes, I _____.

3 Were the benches too dirty?
그 벤치들이 너무 더러웠니?

No, they _____.

4 Was she angry?
그녀는 화가 났었니?

No, she _____.

보기	weren't	was	wasn't	were

C 우리말에 알맞은 be동사의 과거형을 넣어 문장을 완성하세요.

1 The ships _____ really big.   그 배들은 정말 컸어.

2 Many students _____ late.   많은 학생들이 늦었어.

3 He _____ _____ hungry.   그는 배가 고프지 않았어.

4 _____ you tired yesterday?   너는 어제 피곤했니?

일반동사의 과거형 (규칙변화)

일반동사를 과거형으로 만들어 주는 -ed!

 엄마가 "오늘 학교 끝나고 뭐했니?"라고 물으시면 '테니스를 친다'가 아니라 "테니스 쳤어요."라고 과거형으로 대답해요. 영어도 **과거에 했던 일**을 말할 때는 **동사를 과거형**으로 만들어야 해요. 옛날이야기, 역사시간에 배우는 내용들, 뉴스에 나오는 일을 설명할 때 사용해요.

일반동사의 과거형은 '~했다'라는 뜻으로, 대부분 동사원형에 -ed를 붙여요. 이런 '**동사원형+-ed**' 형태를 규칙형이라고 해요. 그런데 과거형이 **조금 별나게 변하는** 동사가 있어요. 첫째, 동사가 **e로 끝날 때**는 그냥 **-d**만 붙이고 '**모음+자음**'으로 끝날 때는, 자음을 한 번 더 쓰고 -ed를 붙여요. 동사가 '**자음+y**'로 끝날 때는 y를 i로 고치고 -ed를 붙여줍니다.

일반동사 과거형(규칙변화)	=	동사원형	+	-ed

laugh → laughed	point → pointed	enjoy → enjoyed
웃다 / 웃었다	가리키다 / 가리켰다	즐기다 / 즐겼다
rain → rained	brush → brushed	play → played
비가 오다 / 비가 왔다	이를 닦다 / 이를 닦았다	놀다 / 놀았다

별나게 변하는 일반동사의 과거형

tie → tied	plan → planned	study → studied
묶다 / 묶었다	계획하다 / 계획했다	공부하다 / 공부했다
move → moved	drop → dropped	cry → cried
움직이다 / 움직였다	떨어뜨리다 / 떨어뜨렸다	울다 / 울었다

■ 과거형 동사는 인칭이나 수에 따라 변하지 않아요. **예** She laugheds (X), She laughed. (O)

Pop Quiz 다음 동사의 과거형을 쓰세요.

1 brush → 　　　　　　　　**4** tie → 　　　　　　　　**7** plan →

2 enjoy → 　　　　　　　　**5** study → 　　　　　　　**8** move →

3 laugh → 　　　　　　　　**6** rain → 　　　　　　　　**9** drop →

Fun Practice

A 그림을 보고 〈보기〉에서 알맞은 동사를 골라 과거형 문장을 완성하세요.

1

It _____ a lot.

2

He _____ the cup.

3

I _____ soccer.

4

My sister _____ yesterday.

보기
drop
study
play
rain

B 다음 네모칸에 들어갈 알맞은 과거형 동사를 고르세요.

1 I   brushied | brushed   my teeth. 나는 이를 닦았어.

2 My aunt   tied | tieed   a ribbon. 우리 이모는 리본을 묶었어.

3 She   planed | planned   a trip. 그녀는 여행 계획을 세웠어.

4 We   enjoyed | enjoied   the concert. 우리는 콘서트를 즐겼어.

C 괄호 안의 동사를 사용하여 우리말에 알맞은 과거형 문장을 만들어 보세요.

1 My friends and I _____ baseball. (play)   친구들과 나는 야구를 했어.

2 He _____ some boxes. (move)   그는 박스 몇 개를 옮겼어.

3 She _____ a lot. (laugh)   그녀는 많이 웃었어.

4 My teacher _____ at the whiteboard. (point)
우리 선생님은 화이트보드를 가리켰어.

UNIT 36 일반동사의 과거형(불규칙변화)

마음대로 바뀌어요. -ed가 필요 없는 괴짜 과거형 동사들!

 대부분의 일반동사는 과거형을 만들 때 -ed만 붙이면 되는데 이런 규칙을 따르지 않고 마음대로 변하는 동사들이 있어요. 예를 들어, "나 어제 도서관에 갔어."라고 하려면 goed가 아니라 go의 과거형인 went를 써서 "I went to the library yesterday."라고 해야 합니다. 오늘은 이렇게 **일반동사 과거형의 불규칙변화**에 대해 알아볼까요?

과거형이 불규칙한 동사는 말 그대로 일정한 규칙이 없어요. 그래서 나올 때마다 그때그때 외워 두는 게 좋아요. 규칙형 동사처럼 불규칙한 과거형 동사도 **인칭이나 수에 상관없이 형태가 같답니다.**

일반동사 과거형(불규칙변화)	=	규칙을 따르지 않는다 (-ed)

단 어	break 깨다 → broke 깼다	fall 떨어지다 → fell 떨어졌다
	know 안다 → knew 알았다	hear 듣다 → heard 들었다
	see 보다 → saw 보았다	put 놓다 → put 놓았다
	meet 만나다 → met 만났다	go 가다 → went 갔다
	give 주다 → gave 주었다	have 가지다 → had 가졌다
	eat 먹다 → ate 먹었다	tell 말하다 → told 말했다

문 장	I broke the cup yesterday. 나는 어제 컵을 깼어. He broke my glasses yesterday. 그는 어제 내 안경을 깨트렸어. They broke the window. 그들은 창문을 깨뜨렸어.

Pop Quiz 다음 동사의 과거형을 쓰세요.

1 fall → 　　　　　**4** hear → 　　　　　**7** break →

2 put → 　　　　　**5** meet → 　　　　　**8** go →

3 give → 　　　　　**6** have → 　　　　　**9** see →

78

Fun Practice

A 그림을 보고 〈보기〉에서 알맞은 동사를 골라 과거형 문장을 완성하세요.

1

The children _____ the window.

3

The girl _____ the teddy bear.

2

She _____ her friends.

4

Apples _____ from the tree.

보기

met

saw

fell

broke

B 다음 네모칸에 들어갈 알맞은 과거형 동사를 고르세요.

1 I knowed | knew the answers. 나는 정답들을 알았어.

2 My sister goed | went to the museum. 우리 언니는 박물관에 갔어.

3 He gave | gived her the book. 그는 그녀에게 책을 주었어.

4 My friend haved | had a headache. 내 친구는 머리가 아팠어.

C 괄호 안의 동사를 사용하여 우리말에 알맞은 과거형 문장을 만들어 보세요.

1 Paul _____ watermelon on the table. (put)　　폴은 탁자에 수박을 놓았어.

2 I _____ a strange noise. (hear)　　나는 이상한 소리를 들었어.

3 The man _____ to a post office. (go)　　그 남자는 우체국에 갔어.

4 She _____ the child. (know)　　그녀는 그 아이를 알았어.

UNIT 37

일반동사 과거형의 부정문과 의문문

일반동사의 과거형 부정문은 did not, 의문문은 Did+주어~?

 일반동사 과거형의 **부정문**은 '~하지 않았다'라는 뜻으로 '주어+did not(didn't)+동사원형'으로 나타내요. 일반동사 과거형의 **의문문**은 '~했니?'라는 뜻으로 'Did+주어+동사원형~?'으로 나타냅니다. 대답은 긍정일 때는 'Yes, 주어+did', 부정일 때는 'No, 주어+did not(didn't)'으로 하면 됩니다. 부정문에 쓰이는 did not(didn't)과 의문문에 쓰이는 Did는 주어의 인칭과 수에 상관없이 똑같습니다.

Did you~?   No, I did not!

일반동사 과거형의 부정문 (~하지 않았다)	=	주어	+	did not (didn't)	+	동사원형

I did not(didn't) play basketball. 나는 농구를 하지 않았어.
He did not(didn't) know her address. 그는 그녀의 주소를 몰랐어.
They did not(didn't) see the game. 그들은 그 경기를 보지 않았어.

일반동사 과거형의 의문문 (~했니?)	=	Did	+	주어	+	동사원형~?

Did you hear that sound?
너 저 소리 들었니?

Yes, I did. 응. 들었어.
No, I didn't. 아니. 못 들었어.

Did she put the key in the bag?
그녀는 가방에 열쇠를 넣었니?

Yes, she did. 응. 넣었어.
No, she didn't. 아니. 넣지 않았어.

Pop Quiz 다음 영어를 일반동사 과거형의 부정형과 의문형으로 만들어 보세요.

		부정형	의문형
1	You play		
2	She knows		
3	We see		

Fun Practice

A 다음 과거형 문장을 부정문으로 만들어 보세요.

1 The children broke the cup. → The children _____ _____ the cup.

2 We saw the show. → We _____ _____ the show.

3 I met my teacher. → I _____ _____ my teacher.

4 Monkeys fell from the tree. → Monkeys _____ _____ from the tree.

B 다음 과거형 문장을 의문문으로 만들어 보세요.

1 You knew the phone number. 너는 전화번호를 알고 있었어.

→ ....

2 Julia put the wallet in the bag. 줄리아는 지갑을 가방에 넣었어.

→ ....

3 He gave her the notebook. 그는 그녀에게 공책을 줬어.

→ ....

4 My friend had a headache. 내 친구는 머리가 아팠어.

→ ....

C 다음 우리말과 같은 뜻이 되도록 알맞은 단어를 〈보기〉에서 골라 문장을 완성하세요.

1 _____ Paul _____ the melon on the table? 폴은 탁자에 그 멜론을 놓았니?

2 _____ you _____ a strange noise? 너는 이상한 소리를 들었니?

3 The man _____ _____ to the theater. 그 남자는 극장에 가지 않았다.

4 She _____ _____ the child. 그녀는 그 아이를 알지 못했다.

보기	know	put	go	hear

Review 6

🎧 **MP3 38 예문**

A 다음 네모칸에 들어갈 알맞은 말을 고르세요.

1 She   am | is | are   singing.

2 They   am | is | are   not walking on the street.

3 The weather   was | were | been   bad last Thursday.

4 The planes   was | were | been   really fast.

5 She   breaks | broke | broken   the vase yesterday.

B 다음 문장을 괄호 안의 지시대로 알맞은 형태로 고쳐 보세요.

1 We played baseball. (부정문)
→ We _____ baseball.

2 You heard that music. (의문문)
→ _____ you _____ that music?

3 He is eating lunch. (부정문)
→ He _____ lunch.

4 Mark is doing his homework. (의문문)
→ _____ Mark _____ his homework?

C 다음 문장에서 틀린 부분을 바르게 고쳐 문장을 다시 쓰세요.

1 He often go to the park.   → _____

2 I is eating cookies.   → _____

3 She were sick yesterday.   → _____

4 My friend and I play soccer an hour ago.   → _____

D 다음 단어들을 올바른 순서로 배열하여 완전한 문장을 만들어 보세요.

1 rises The sun in the east . 해는 동쪽에서 뜬다.

→ --

2 cleaning is She her room . 그녀는 자기 방을 청소하고 있다.

→ --

E 다음 지문을 읽고 괄호 안의 동사를 현재진행형으로 고쳐 쓰세요.

1 A: Are you _____(study) now?

B: No, I am _____(play) the piano.

A: It's snowing. Let's go outside.

2 A: Is your dad _____(watch) TV now?

B: No, he isn't. He is _____(read) the newspaper.

A: Oh, I see.

F 다음 질문을 읽고 자신만의 답을 쓰세요.

1 Q: Is she cooking dinner now?

A: ---

2 Q: Did you do your homework?

A: ---

3 Q: Does your brother go to sleep early?

A: ---

미래형 조동사 will

앞으로 할 일을 나타낸다.

 만나기로 한 친구가 오지 않아서 전화를 해보니 "곧 도착할 거야."라고 하네요. 늦는 걸 계획해 놓고 늦지는 않죠? 어쩌다 보니 늦게 되는 거잖아요. 이처럼 미리 계획해 놓은 일은 아니지만 **앞으로 일어날 일에 대해서 말할 때 미래형 조동사 will**을 사용합니다.

조동사 will은 '~할 것이다' 또는 '아마 ~일 것이다'라는 의미로 **미래에 대한 의지나 추측**을 나타냅니다. 다른 조동사와 마찬가지로 will도 주어의 수와 인칭에 관계없이 항상 '**will+동사원형**'을 써요. 그리고 미래를 뜻하는 부사인 tomorrow, next week, this Sunday 등과 자주 함께 쓰입니다.

미래형 조동사 (~할 것이다, 아마 ~일 것이다)	=	will	+	동사원형

I will be at home this Sunday.	나는 이번 일요일에 집에 있을 거야.
You will enjoy the movie.	너는 그 영화를 좋아할 거야.
He will arrive soon.	그는 곧 도착할 거야.
It will snow tomorrow.	내일 눈이 올 거야.
They will win the game next week.	그들은 다음 주 경기에서 이길 거야.

■ 주어가 대명사일 때는 줄여서 '**대명사+'ll**'(I'll, You'll, He'll, It'll, They'll 등)로 쓸 수 있어요.

 **Pop Quiz** 다음 영어를 미래형과 축약형으로 만들어 보세요.

		미래형	축약형
1	I am		
2	It snows		
3	He becomes		
4	She arrives		
5	You ride		

Fun Practice

A 괄호 안의 동사를 사용하여 우리말에 알맞은 미래형 문장을 만들어 보세요.

1 My dad _____ _____ at home this Saturday. (be)
우리 아빠는 이번주 토요일에 집에 계실 거야.

2 David _____ _____ a soccer player. (become)
데이빗은 축구 선수가 될 거야.

3 The police _____ _____ soon. (arrive)
경찰이 곧 도착할 거야.

4 It _____ _____ tomorrow. (rain)
내일 비가 올 거야.

B 다음 네모칸에 들어갈 알맞은 단어를 고르세요.

1 He will answer | answers your letter soon. 그는 곧 네 편지에 답장할 거야.

2 Anna will coming | come here. 애나가 여기에 올 거야.

3 Our class will wined | win the game next year. 우리 학급은 내년에 경기에서 이길 거야.

4 It will be | is sunny tomorrow. 내일 화창할 거야.

C 다음 우리말과 같은 뜻이 되도록 〈보기〉에서 알맞은 단어를 골라 문장을 완성하세요.

1 I _____ _____ 9 years old next year.
나는 내년에 9살이 될 거야.

2 They _____ _____ the TV program.
그들은 그 TV 프로그램을 재미있어 할 거야.

3 She _____ _____ her bicycle soon.
그녀는 곧 자전거를 탈 거야.

4 My mom _____ _____ me.
엄마는 나를 이해하실 거야.

보기			
understand	enjoy	ride	be

will의 부정문과 의문문

미래형의 부정문은 will 뒤에 not을 넣고, 의문문은 will을 맨 앞으로 가져온다.

🎧 MP3 40 강의 | 예문

 미래형 조동사 **will**의 **부정형**은 will에 not을 붙여 **will not**으로 씁니다. 줄여서 **won't**로 쓰기도 해요. '~하지 않을 것이다'라는 뜻의 **미래형 부정문**은 '주어＋will not(won't)＋동사원형'으로 나타냅니다.

'~할 것이니?'라는 뜻의 **미래형 의문문**은 문장 맨 앞으로 조동사 will을 보내서 'Will＋주어＋동사원형~?'으로 나타냅니다. 주어의 인칭과 수에 상관없이 Will을 쓰며 대답은 **긍정**일 때는 'Yes, 주어＋will', **부정**일 때는 'No, 주어＋will not(won't)'으로 하면 된답니다.

| 미래형의 부정문(~하지 않을 것이다) | = | 주어 | + | will not(won't) | + | 동사원형 |

The train will not(won't) arrive **at noon.** 기차는 정오에 도착하지 않을 거야.
It will not(won't) be **rainy this afternoon.** 오늘 오후에는 비가 오지 않을 거야.
She will not(won't) come **here.** 그녀는 여기에 오지 않을 거야.

- 주어의 인칭과 수에 상관없이 will not(won't)을 씁니다. 📌 They will not like this.

| 미래형의 의문문(~할 거니?) | = | Will | + | 주어 | + | 동사원형 ~? |

Will you marry me?
나랑 결혼할 거니?

Yes, I will. 응. 할 거야.
No, I will not(won't). 아니. 안 할 거야.

Will your dad like the present?
네 아빠는 그 선물을 좋아하실까?

Yes, he will. 응. 아빠는 좋아하실 거야.
No, he will not(won't). 아니. 아빠는 안 좋아하실 거야.

 **Pop Quiz** 다음 미래형 긍정문을 의문형과 부정형으로 만들어 보세요.

	의문형	부정형
1 I will call		
2 He will like		
3 They will ride		
4 You will come		

Fun Practice

A 다음 중 알맞은 네모칸에 **not**을 넣어 미래형 부정문을 만들어 보세요.

1 I ☐ will ☐ ride ☐ the bus.
나는 버스를 안 탈 거야.

2 My ☐ sister ☐ will ☐ get the phone.
내 여동생이 전화를 안 받을 거야.

3 He ☐ will ☐ be ☐ an actor.
그는 배우가 안 될 거야.

4 My ☐ brother ☐ will ☐ go to the library.
우리 오빠는 도서관에 안 갈 거야.

B 다음 문장을 의문문으로 고쳐 보세요.

1 The train will arrive at noon. → _____ the train _____ at noon?

2 It will be snowy tomorrow. → _____ it _____ snowy tomorrow?

3 Matilda will call you this afternoon.
→ _____ Matilda _____ you this afternoon?

4 Luke will come here. → _____ Luke _____ here?

C 다음 우리말과 같은 뜻이 되도록 〈보기〉에서 알맞은 단어를 골라 문장을 완성하세요.

1 _____ you _____ an astronaut?   너는 커서 우주인이 될 거니?

2 _____ he _____ breakfast?   그는 아침을 먹을까요?

3 She _____ _____ to the café.   그녀는 카페에 가지 않을 거야.

4 Jackson _____ _____ the subway.   잭슨은 지하철을 타지 않을 거야.

| 보기 | ride | become | eat | go |

UNIT 41

be going to

'~할 것이다'라는 예정된 일을 나타낸다.

 will과 함께 **미래에 할 일**을 말할 때 쓰는 표현으로 **be going to**가 있어요. 둘 다 미래를 나타내지만 will과 달리 be going to는 **미리 결심한 일**을 말할 때 쓰입니다.

예를 들어, 오랜만에 이모를 방문하려고 미리 마음을 먹고 있었다면 "I am going to visit my aunt(나는 이모를 방문할 거야).'라고 will이 아니라 be going to를 써서 나타냅니다.

be동사는 주어의 수나 인칭에 따라 **am/are/is**를 써주고, **to 다음**에는 꼭 **동사원형**이 와야 한다는 것을 기억하세요.

| be going to | + | 동사원형 | = | ~할 것이다 |

1인칭	I am going to play **the drum tomorrow.** 나는 내일 드럼을 칠 거야. **We** are going to visit **our grandma.** 우리는 할머니를 방문할 거야.
2인칭	**You** are going to swim **after school.** 너는/너희는 방과후에 수영을 할 거야.
3인칭	**She** is going to meet **Leo.** 그녀는 레오를 만날 거야. **They** are going to climb **the mountain.** 그들은 산에 올라갈 거야.

■ 여기에 쓰인 going은 '가다'는 뜻이 아니에요.

Pop Quiz 다음 동사를 be going to를 써서 미래형으로 만들어 보세요.

1 I play   ➔ I

2 We visit   ➔ We

3 Matthew swims ➔ Matthew

4 My sister reads ➔ My sister

5 They climb ➔ They

Fun Practice

A 다음 네모칸에 들어갈 알맞은 표현을 고르세요.

1 I   am going to │ is going to   meet my friends.
나는 친구들을 만날 거야.

2 My parents   are going to │ is going to   climb the mountain.
우리 부모님은 산에 올라가실 것이다.

3 My dad   am going to │ is going to   buy a new car.
우리 아빠는 새 차를 살 거야.

4 My sister   are going to │ is going to   sing.
내 여동생이 노래를 부를 거야.

B 다음 우리말에 알맞은 동사를 〈보기〉에서 골라 be going to 문장을 완성하세요.

1 The library _____ going to _____ tomorrow.   그 도서관은 내일 문을 닫을 거야.

2 We _____ going to _____ the museum.   우리는 박물관을 방문할 거야.

3 She _____ going to _____ tennis after school.   그녀는 방과후에 테니스를 칠 거야.

4 Leo _____ going to _____ his teacher.   레오는 선생님을 도와드릴 거야.

보기   help   visit   close   play

C 다음 괄호 안의 단어를 사용하여 우리말에 알맞은 be going to 문장을 만들어 보세요.

1 They _____ _____ _____ _____ a party. (have)
그들은 파티를 할 거야.

2 She _____ _____ _____ _____ her brother at noon. (meet)
그녀는 정오에 그녀의 오빠를 만날 거야.

3 The supermarket _____ _____ _____ _____ next week. (open)
그 슈퍼마켓은 다음 주에 문을 열 거야.

4 I _____ _____ _____ _____ the book. (read)
나는 그 책을 읽을 거야.

UNIT 42

be going to의 부정문과 의문문

미래형 부정문 '~하지 않을 거야', 미래형 의문문 '~할 거니?'

 친구가 오늘 수영할 거냐고 물어보네요. 오늘 수영할 계획이 없을 때는 "나는 오늘 수영 안 할 거야."라고 미래형 부정문을 사용해서 대답할 수 있어요. **be going to**의 **부정문**은 '**~하지 않을 거야**'라는 뜻으로 '**주어+be not going to+동사원형**'으로 나타내죠. be동사는 주어의 인칭과 수에 따라 am/are/is를 씁니다. 미래형 **의문문**은 be동사를 맨 앞으로 보내 '**Am/Are/Is+주어+going to+동사원형~?**'으로 표현해요. 대답은 **긍정**이면 '**Yes, 주어+am/are/is**', **부정**이면 '**No, 주어+am/are/is not.**'으로 하면 됩니다.

I'm not going to swim today.

부정문(~하지 않을 것이다)	=	주어	+	am/are/is not going to	+	동사원형

I am not going to play baseball. 나는 야구를 하지 않을 거야.
We are not going to visit my grandma. 우리는 할머니를 방문하지 않을 거야.
The mall is not going to open next week. 그 쇼핑몰은 다음 주에 문을 열지 않을 거야.

의문문(~할 거니?)	=	Am/Are/Is	+	주어	+	going to	+	동사원형 ~?

Are you going to help your mom?
너는 엄마를 도울 거니?

Yes, I am. 응, 도울 거야.
No, I am not(I'm not). 아니, 돕지 않을 거야.

Is she going to sing at a talent show?
그녀는 장기자랑에서 노래를 할 예정이니?

Yes, she is. 응, 노래할 거야.
No, she is not(She's not). 아니, 노래하지 않을 거야.

■ 주어가 대명사일 때는 줄여서 'I'm not, You're not, He's not, It's not, They're not 등으로 쓸 수 있어요.

Pop Quiz 다음 be going to 문장을 부정형과 의문형으로 만들어 보세요.

	부정형	의문형
1 I am going to		
2 He is going to		
3 You are going to		

Fun Practice

A 다음 중 알맞은 네모칸에 not을 넣어 부정문을 만들어 보세요.

1 I am ☐ going ☐ to ☐ meet him.

2 Your friend is ☐ going ☐ to ☐ play the violin.

3 Claire is ☐ going ☐ to ☐ draw a picture.

4 We are ☐ going ☐ to ☐ take a walk.

B 다음 문장을 be going to 의문문으로 고쳐 보세요.

1 She is going to play tennis. 그녀는 테니스를 칠 거야.

→ _____ she _____ play tennis?

2 You are going to visit a post office. 너는 우체국을 방문할 거야.

→ _____ you _____ visit a post office?

3 My brother is going to buy a new book. 우리 오빠는 새 책을 살 거야.

→ _____ my brother _____ buy a new book?

4 They are going to climb a mountain. 그들은 산을 올라갈 거야.

→ _____ they _____ climb a mountain?

C 괄호 안의 단어를 사용하여 우리말에 알맞은 be going to 문장을 만들어 보세요.

1 _____ you _____ David on Sunday? (meet)
너는 일요일에 데이빗을 만날 거니?

2 _____ she _____ this afternoon? (study)
그녀는 오늘 오후에 공부할까?

3 My sister _____ TV this evening. (watch)
우리 언니는 오늘 저녁에 텔레비전을 보지 않을 거야.

4 They _____ tomorrow. (swim)
그들은 내일 수영을 하지 않을 거야.

Review 7

🎧 MP3 43 예문

A 다음 네모칸에 들어갈 알맞은 말을 고르세요.

1 It will is │ be │ was rainy tomorrow.

2 Jason will call │ called │ calls me this evening.

3 Will your mom like │ liked │ likes the gift?

4 She will not go │ goes │ went there.

5 We are going to visit │ visited │ visits the museum.

B 괄호 안의 지시대로 빈칸에 알맞은 표현을 쓰세요.

1 The plane will leave soon. (부정문) ➜ The plane _____ soon.

2 You will go to the hospital. (의문문) ➜ _____ you _____ to the hospital?

3 He is going to play soccer. (부정문)

➜ He _____ play soccer.

4 She is going to buy a new chair. (의문문)

➜ _____ she _____ buy a new chair?

C 다음 문장에서 틀린 부분을 바르게 고쳐 문장을 다시 쓰세요.

1 I is going to play the violin this afternoon.

➜ _____

2 The bank is not going to opens tomorrow.

➜ _____

3 He will enjoyed the movie. ➜ _____

D 다음 단어들을 올바른 순서로 배열하여 완전한 문장을 만들어 보세요.

1 to the park   will   He   go . 그는 공원에 갈 거야.

→ _____

2 a picture   She   draw   is going to . 그녀는 그림을 그릴 거야.

→ _____

E 다음 지문을 읽고 괄호 안의 동사를 미래형으로 고쳐 쓰세요.

1 I _____ _____ (am) an astronaut in the future.

I _____ _____ (ride) a spaceship.

It _____ _____ (is) great.

2 A: _____ you _____ (eat) breakfast?

B: No, I _____. I am late for school.

A: Hurry, or you _____ _____ (be) late.

F 다음 질문을 읽고 자신만의 답을 쓰세요.

1 Q: Are you going to watch the TV show?
A: _____

2 Q: Will you get up early tomorrow?
A: _____

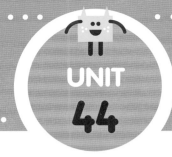

의문사 what

UNIT 44

'무엇'이나 '무슨'의 뜻을 지닌 의문문을 만든다.

 MP3 44 강의 l 예문

 세희는 이 세상에 궁금한 것이 너무 많아요. 이건 무엇인지, 저건 무엇인지, 친구들은 무슨 색깔을 좋아하는지 알고 싶은 것이 많답니다. 이렇게 궁금한 것을 물어볼 때는 의문사를 사용해서 표현해요. 특히 '**무엇**'과 '**무슨**'으로 시작하는 질문에는 **의문사 what**을 사용합니다.

의문사 what이 '**무엇**'이라는 뜻일 때는 바로 **뒤에 동사**가 오고, '**무슨**'이라는 뜻일 때는 **뒤에 명사**가 와요. 뒤에 명사가 올 때 what은 특별히 **의문형용사**라고 불러요. 형용사처럼 뒤에 오는 명사를 꾸며주기 때문이에요. 의문사 what으로 시작하는 의문문은 yes, no로 답할 수 없다는 점에 주의하세요.

What + **동사** + **주어 ~?** = **무엇이니? / 무엇을 ~하니?**

질 문	대 답
What is your name? 네 이름은 무엇이니?	**My name is Edward.** 내 이름은 에드워드야.
What do you want? 너는 무엇을 원하니?	**I want ice cream.** 나는 아이스크림을 원해.

What + **명사** + **동사** + **주어 ~?** = **무슨 ~이니? / 무슨 ~을 ~하니?**

What color is it? 그것은 무슨 색인가요?	**It is brown.** 그것은 갈색이에요.
What sports do you like? 너는 무슨 운동을 좋아하니?	**I like basketball.** 나는 농구를 좋아해.

Pop Quiz 의문사 what을 사용해 다음 표현을 완성해 보세요.

1 무슨 색깔 → _____ color

2 무슨 운동 → _____ sports

3 무슨 음식 → _____ food

4 무슨 옷 → _____ clothes

5 무슨 날 → _____ day

6 무슨 시간 → _____ time

7 무슨 노래 → _____ song

8 무슨 학년 → _____ grade

 **Fun Practice**

A 다음 문장과 알맞은 그림을 연결하세요.

1 What color is it? •

•

2 What day is it today? •

•

3 What time do you sleep? •

•

4 What clothes is he wearing? •

•

B 다음 질문에 알맞은 대답을 연결하세요.

1 What's your favorite subject? •
네가 가장 좋아하는 과목은 무엇이니?

• I will go to the beach.

2 What will you do this summer? •
너는 이번 여름에 뭐 할 거니?

• She is cooking dinner now.

3 What did you eat for lunch? •
넌 점심으로 뭘 먹었니?

• My favorite subject is math.

4 What is she doing now? •
그녀는 지금 뭘 하고 있니?

• I ate a cheese sandwich.

C 다음 우리말에 알맞은 단어를 〈보기〉에서 골라 문장을 완성하세요.

1 What _____ do you want to eat?   너는 무슨 음식을 먹고 싶니?

2 What _____ your favorite song?   네가 가장 좋아하는 노래는 무엇이니?

3 What _____ is it now?   지금 몇 시인가요?

4 What _____ your father like?   너희 아버지는 무엇을 좋아하시니?

보기	is	time	food	does

의문사 who, whose

Who는 '누구'이고 whose는 '누구의'라는 뜻이다.

 친구네 집에 갔더니 아주 귀여운 아이가 있어서 "이 귀여운 소년은 누구야?"라고 물어보았어요. 이렇게 **어떤 사람이 누구인지를 물어보고 싶을 때**는 '누구'라는 뜻을 지닌 의문사 who를 사용해서 의문문을 만들어요.

탁자 위에 핸드폰이 놓여 있는데 누구의 것인지 알고 싶을 때 뭐라고 질문해야 할까요? **의문형용사 whose**를 사용해서 문장을 만듭니다. Whose는 '**누구의**'라는 뜻으로 바로 다음에 명사가 와서 '누구의 것', '누구에게 속한 것'인지를 물어보는 의문문이 됩니다.

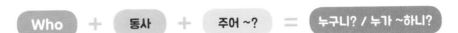

질 문	대 답
Who is **that little boy?** 저 작은 소년은 누구니? Who played **the piano?** 누가 피아노를 쳤나요?	He is my brother. 그는 내 동생이야. Liz played the piano. 리즈가 피아노를 쳤어요.

■ 의문사 who 뒤에 일반동사가 오면 이때 who는 3인칭 단수로, 뒤에 3인칭 단수 동사가 와야 해요.
   예 Who want a cheesecake? (X) / Who wants a cheesecake? (O)

Whose hat is **this?** 이것은 누구의 모자인가요? Whose birthday is **it today?** 오늘은 누구의 생일인가요?	It is your hat. 그것은 당신의 모자예요. Today is my birthday. 오늘은 내 생일이에요.

Pop Quiz 다음 네모칸에 who와 whose 중 알맞은 말을 골라 쓰세요.

1 _____ played?

2 _____ bag?

3 _____ birthday?

4 _____ is he?

5 _____ is playing?

6 _____ ball?

7 _____ crayons?

8 _____ was she?

Fun Practice

A 다음 네모칸에 들어갈 알맞은 단어를 고르세요.

1 Who | Whose played the violin?
누가 바이올린을 연주했어?

2 Who | Whose ball is that?
저건 누구의 공이야?

3 Who | Whose is that cute girl?
저 귀여운 소녀는 누구니?

4 Who | Whose birthday is it?
누구의 생일이야?

B 다음 질문에 알맞은 대답을 연결하세요.

1 Who is playing soccer?   •   • They are his.
누가 축구를 하고 있니?

2 Whose bag is this?   •   • It's mine.
이건 누구의 가방이니?

3 Who is your friend?   •   • Jack is playing soccer.
네 친구는 누구니?

4 Whose shoes are these?   •   • She is my friend.
이것은 누구의 신발이야?

C 다음 우리말과 같은 뜻이 되도록 밑줄 친 부분을 바르게 고쳐 문장을 다시 쓰세요.

1 Whose ate my bread? 누가 내 빵을 먹었니? → _____

2 Who are that tall boy? 저 키 큰 소년은 누구니? → _____

3 Who pen is that? 저것은 누구의 펜이니? → _____

4 Who live in Canada? 누가 캐나다에 사니? → _____

UNIT 46

의문사 when

시간이나 날짜 등을 물을 때 의문사 when을 사용한다.

 "생일은 언제예요?", "소풍은 언제 가요?", "언제 점심을 먹어요?", "언제 학교에 가요?" 이렇게 **어떤 일이 언제 일어나는지** 시간이나 날짜 등을 물어볼 때 **의문사 when**을 사용해요.

when으로 시작하는 의문문을 만들 때 when 다음에는 **be동사나 일반동사, 조동사**가 옵니다. 만약 친구에게 생일이 언제인지 물어보고 싶다면 "When is your birthday?"라고 하면 돼요. 다른 의문사처럼 when 의문문도 Yes, No로 대답할 수 없답니다.

| When | + | be동사/일반동사/조동사 | + | 주어 ~? | = | 언제 ~? |

형 태	질 문	대 답
When + be동사 ~?	When is **your birthday?** 네 생일은 언제니?	My birthday is August 8th. 내 생일은 8월 8일이야.
When + 일반동사 ~?	When does **he leave?** 그는 언제 떠나니?	He leaves in the afternoon. 그는 오후에 떠나.
When + 조동사 ~?	When can **you come back?** 너는 언제 돌아올 수 있니?	I can come back tomorrow. 나는 내일 돌아올 수 있어.

■ 의문사 when 대신에 what time을 사용할 수도 있는데 이때는 정확한 시간으로 답을 해야 합니다.
　예 What time do you eat breakfast?　In the morning. (X) / At 8 o'clock. (O)

Pop Quiz 밑줄 친 부분을 물어볼 때 의문사 when이 필요한 것에 ✓를 표시하세요.

1 It's <u>my pencil</u>. ☐

2 He is <u>my brother</u>. ☐

3 My birthday is <u>today</u>. ☐

4 He will be back <u>next year</u>. ☐

5 I ate dinner <u>at 7 o'clock</u>. ☐

6 They are <u>chairs</u>. ☐

7 His name is <u>Paul</u>. ☐

8 I can come back <u>in the afternoon</u>. ☐

Fun Practice

A 다음 질문에 알맞은 대답을 연결하세요.

1 When does your school start? •
네 학교는 언제 시작하니?

    • It leaves at 4 o'clock.

2 When does the bus leave? •
버스는 언제 떠나요?

    • It starts tomorrow.

3 When are you going home? •
너는 언제 집에 가니?

    • You should finish soon.

4 When should I finish? •
내가 언제 끝내야 할까요?

    • I'm going home after school.

B 다음 우리말에 알맞은 동사를 〈보기〉에서 골라 문장을 완성하세요.

1 When _____ he go to bed?   그는 언제 자러 가나요?

2 When _____ your birthday party?   네 생일 파티는 언제니?

3 When _____ you come to my house?   너는 언제 우리 집에 올 수 있니?

4 When _____ you take the exam?   너는 언제 시험을 치니?

> **보기**
>
> is   does   do   can

C 다음 우리말과 같은 뜻이 되도록 밑줄 친 부분을 바르게 고쳐 문장을 다시 쓰세요.

1 <u>What</u> does he play basketball?   →   ----------------------------------
그는 언제 농구를 하니?

2 <u>When time</u> does the shop close?   →   ----------------------------------
그 상점은 언제 문을 닫나요?

3 When <u>is</u> you going to meet them?   →   ----------------------------------
너는 언제 그들을 만날 거니?

4 <u>Who</u> can she come back?   →   ----------------------------------
그녀는 언제 돌아올 수 있니?

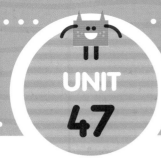

UNIT 47

의문사 where

장소나 위치 등을 물을 때 의문사 where를 사용한다.

학교 가는 시간에 늦었는데 아무리 찾아도 공책이 보이지 않네요. 이럴 때 엄마에게 뭐라고 해야 할까요? "내 공책 어디에 있어요?"라고 말하고 싶을 때는 '어디에'라는 뜻을 지닌 의문사 **where**를 사용해서 "Where is my notebook?"이라고 물어보면 됩니다.

이처럼 where는 **어떤 사물의 위치를 물을 때도 사용할 수 있고** **장소를 물어볼 때도 사용**할 수 있어요. 처음 만난 친구에게 어디에 사는지를 물어볼 때 "Where do you live?"라고 질문합니다. Where 다음에는 **be동사나 일반동사, 조동사**가 올 수 있습니다.

Where + **be동사/일반동사/조동사** + **주어 ~?** = **어디에 / 어디서 ~?**

형 태	질 문	대 답
Where + be동사 ~?	Where is my textbook? 내 교과서는 어디 있어요?	It's on the desk. 그건 책상 위에 있어.
Where + 일반동사 ~?	Where does Sally live? 샐리는 어디에 사니?	She lives in Incheon. 그녀는 인천에 살아.
Where + 조동사 ~?	Where can I study? 내가 어디에서 공부할 수 있어요?	You can study in the library. 너는 도서관에서 공부할 수 있어.

Pop Quiz 밑줄 친 부분을 물어볼 때 의문사 where가 필요한 것에 ✓를 표시하세요.

1 His birthday is tomorrow. ☐

2 She will come back today. ☐

3 He is my father. ☐

4 She is in the kitchen. ☐

5 I live in Seoul. ☐

6 They are your pens. ☐

7 It is green. ☐

8 It's on the table. ☐

Fun Practice

A 다음 질문에 알맞은 대답을 연결하세요.

1 Where was my cell phone? •
내 휴대전화가 어디 있었어?

• I went to the library.

2 Where does Brad live? •
브래드는 어디 살아?

• He lives in Paris.

3 Where are you going? •
너는 어디 가니?

• It was in your bag.

4 Where did you go yesterday? •
너 어제 어디에 갔니?

• I am going to the school.

B 다음 네모칸에 들어갈 알맞은 동사를 고르세요.

1 Where is | do | can your friend?   네 친구는 어디에 있니?

2 Where are | did | does you stay in Jeju?   제주에서 너는 어디에 머물렀니?

3 Where is | are | do they playing basketball?   그들은 어디서 농구하고 있니?

4 Where does | can | are I buy this?   내가 이걸 어디서 살 수 있니?

C 다음 우리말과 같은 뜻이 되도록 밑줄 친 부분을 바르게 고쳐 문장을 다시 쓰세요.

1 Where <u>are</u> the bank? 은행이 어디에 있나요?

➔ ....

2 <u>What</u> do you want to go? 너는 어디에 가고 싶니?

➔ ....

3 Where <u>is</u> he go yesterday? 그는 어제 어디에 갔니?

➔ ....

4 Where <u>cans</u> I play soccer? 나는 어디서 축구할 수 있어요?

➔ ....

의문사 which

UNIT
48

'어느 것' 또는 '어느 ~'라는 말로 시작하는 의문문을 만든다.

🎧 MP3 48 강의 | 예문

 여러분은 햄버거가 좋아요, 피자가 좋아요? 어느 것을 더 좋아하나요? 이렇게 두 개 중에 **어느 것을 선택할 것인지**를 물어볼 때 'which'라는 의문사를 사용합니다.

보통 의문사 다음에는 바로 동사가 오지만 which는 뒤에 동사나 명사가 올 수 있답니다. **which 다음에 동사가 오면 '어느 것'**이라는 뜻이에요. **which 뒤에 명사가 올 경우에는 '어느 ~'**라는 뜻으로, 뒤에 나오는 명사를 꾸며주는 **의문형용사**가 됩니다.

> **Which** + **동사** + **주어 ~?** = **어느 것 ~?**

질 문	대 답
Which is **yours**, this or that? 어느 것이 네 거야, 이거 아니면 저거?	This is mine. 이것이 내 거야.
Which do **you like better**, coke or juice? 너는 어느 것을 더 좋아하니, 콜라 아니면 주스?	I like juice better. 난 주스가 더 좋아.

> **Which** + **명사** + **동사** + **주어 ~?** = **어느 ~?**

Which hat is **his**? 어느 모자가 그의 거야?	The purple one is his. 보라색이 그의 거야.
Which color do **you like**, green or yellow? 너는 어느 색깔을 좋아해, 초록 아니면 노랑?	I like yellow. 나는 노란색을 좋아해.

■ which로 시작하는 의문문도 yes, no로 답할 수 없습니다. 질문에서 묻는 '어느 (것)'에 대한 구체적인 답을 말해야 해요.

Pop Quiz 의문사 which를 사용해 다음 표현을 완성하세요.

1 어느 모자 → _____ hat

2 어느 팀 → _____ team

3 어느 가방 → _____ bag

4 어느 색깔 → _____ color

5 어느 자전거 → _____ bike

6 어느 바지 → _____ pants

7 어느 양말 → _____ socks

8 어느 길 → _____ way

Fun Practice

A 다음 질문에 알맞은 대답을 연결하세요.

1 Which is her hat, the red or pink? •   • This pen is mine.

2 Which do you like? •   • Her hat is the pink one.

3 Which pen is yours, this or that? •   • I will order rice.

4 Which will you order, rice or bread? •   • I like this one.

B 다음 우리말에 알맞은 단어를 〈보기〉에서 골라 문장을 완성하세요.

1 Which pencil _____ hers?   어느 연필이 그녀의 것이니?

2 Which _____ do you like better?   너는 어느 색깔이 더 좋아?

3 Which _____ is mine?   어느 가방이 내 거예요?

4 Which book _____ you going to choose?   너는 어느 책을 선택할 거야?

보기	color	bag	are	is

C 다음 우리말과 같은 뜻이 되도록 밑줄 친 부분을 바르게 고쳐 문장을 다시 쓰세요.

1 <u>When</u> bike is cheaper? 어느 자전거가 더 싸니?

   → _____

2 Which bag <u>does</u> his? 어느 가방이 그의 것이니?

   → _____

3 <u>Whose</u> pants are yours, these or those? 어느 바지가 네 것이니, 이것 아니면 저것?

   → _____

4 Which team <u>do</u> she like, the Eagles or the Bears?
   그녀는 어느 팀을 좋아하니, 이글스 아니면 베어스?

   → _____

UNIT 49

의문사 how

'어떻게' 또는 '얼마나'라는 말로 시작하는 의문문을 만든다.

영어에서는 누군가를 만났을 때 'Hello'나 'Hi!' 뒤에 꼭 나오는 인사말이 있어요. 바로 "How are you?(오늘 기분이 어때?)"입니다. 이 문장에서 **how**는 '어떻게'라는 뜻의 의문사로 뒤에 동사가 옵니다.

how 다음에 형용사나 부사가 오면 '**얼마나 ～한/～하게**'라는 뜻이 되어요. "몇 살이니?"는 how 다음에 형용사 old를 붙여서 "How old are you?"라고 합니다. how와 친한 단어로 much와 many가 있는데요. 명사와 함께 쓸 때 **How much** 다음에는 **셀 수 없는 명사**가 오고 **How many** 다음에는 **셀 수 있는 명사**가 온다는 점에 주의하세요.

| How | + | 동사 | + | 주어 ~? | = | 어떤, 어떻게 ~? |

질 문	대 답
How are you today? 너는 오늘 기분이 어때?	**I'm good.** 기분이 좋아.
How does he go to school? 그는 학교에 어떻게 가?	**He goes to school by car.** 그는 차 타고 학교에 가.

| How | + | 형용사(+명사)/부사 | + | 동사 | + | 주어 ~? | = | 얼마나 ~? |

How often does he play the guitar?
그는 얼마나 자주 기타를 치니?

How many brothers do you have?
너는 남자 형제가 몇 명이니?

He plays the guitar every day.
그는 매일 기타를 쳐.

I have two brothers.
난 남자형제가 두 명이야.

■ 물건의 가격을 물을 때는 How much 다음에 be동사를 사용해서 물어봅니다.
예 How much is it? 그것은 얼마예요? It's 30 dollars. 30달러예요.

Pop Quiz 다음 우리말에 알맞은 표현을 고르세요.

1 얼마나 자주 How many | How often

2 얼마나 오래된 How old | How fast

3 얼마나 무거운 How long | How heavy

4 얼마나 길게 How long | How fast

5 얼마나 많이 How often | How much

6 얼마나 먼 How far | How old

Fun Practice

A 다음 질문에 알맞은 대답을 연결하세요.

1 How's the weather today? •   • I'm not good. I'm sick.

2 How are you? •   • It's sunny today.

3 How does he go home? •   • Tom told me.

4 How did you know that? •   • He goes home by bus.

B 다음 그림에 알맞은 표현을 〈보기〉에서 골라 쓰세요.

1

_____ are you?

3

_____ is it?

2

_____ pencils
do you have?

4

_____ is your
dog?

C 다음 우리말과 같은 뜻이 되도록 밑줄 친 부분을 바르게 고쳐 문장을 다시 쓰세요.

1 How <u>long</u> do you exercise? → ....
너는 얼마나 자주 운동하니?

2 <u>What</u> do you go to school? → ....
너는 학교에 어떻게 가니?

3 How <u>far</u> should we wait? → ....
우리는 얼마나 오래 기다려 하니?

4 How <u>does</u> the weather today? → ....
오늘 날씨가 어때?

UNIT 50

의문사 why

이유와 원인을 나타내는 '왜?'라는 말로 시작하는 의문문을 만든다.

 어제 윤희가 학교에 오지 않았어요. 어제 왜 결석했는지를 물어보려면 어떻게 말해야 할까요? **어떤 일의 이유와 원인을 알고 싶을 때 '왜'라는 뜻을 지닌 의문사 why**를 사용해서 "Why didn't you come to school yesterday?(어제 학교에 왜 안 왔니?)"라고 질문할 수 있습니다.

Why로 시작하는 질문에 대해서는 Yes, No로 대답할 수 없어요. 왜 그런지 이유를 답해줘야 하기 때문입니다. Why로 물어보면 'Because...(~때문에)'를 사용해서 답을 할 수 있어요. 세희가 아파서 학교에 못 나왔다면 "Because I was sick."이라고 할 수 있답니다.

| Why | + | be동사/일반동사 | + | 주어 ~? | = | 왜 ~하니? |

형 태	질 문	대 답
Why + be동사	Why was he late for school? 그는 학교에 왜 늦었니? Why are you crying? 너는 왜 울고 있니?	Because he got up late. 그가 늦게 일어났기 때문이야. Because I miss my family. 우리 가족이 보고 싶어서 그래.
Why + 일반동사	Why do you like winter? 너는 왜 겨울을 좋아하니?	Because I can build a snowman. 눈사람을 만들 수 있잖아.

■ Why don't you~?는 누군가에게 어떤 일을 권유할 때 쓰이는 표현으로 '~하는 게 어때?'라는 뜻이에요.
　예 Why don't you finish this? 이 일을 끝내는 게 어때?

 **Pop Quiz** 다음 의문사 why 뒤에서 어울리는 동사를 고르세요.

1 Why　are | do　you late?

2 Why　does | is　he happy?

3 Why　did | were　they angry?

4 Why　do | are　you look tired?

5 Why　is | does　he like it?

6 Why　are | do　you buy that?

7 Why　is | does　she crying?

8 Why　do | are　you sad?

Fun Practice

A 다음 질문에 알맞은 대답을 연결하세요.

1 Why do you like summer?
너는 여름을 왜 좋아하니?

2 Why were you late for class?
너는 수업에 왜 늦었니?

3 Why is he studying?
그는 왜 공부하고 있니?

4 Why does she look tired?
그녀는 왜 피곤해 보이지?

• Because he has a test.

• Because she didn't sleep.

• Because I got up late.

• Because I like swimming.

B 다음 우리말에 알맞은 단어를 〈보기〉에서 골라 문장을 완성하세요.

1 Why _____ you go to bed early? 너는 왜 일찍 자러 가니?

2 _____ are you happy today? 너는 오늘 왜 행복하니?

3 Why is your sister _____? 네 동생은 왜 울고 있니?

4 Why _____ they buy that yesterday? 그들은 어제 그것을 왜 샀니?

보기	why	did	crying	do

C 다음 우리말과 같은 뜻이 되도록 밑줄 친 부분을 바르게 고쳐 문장을 다시 쓰세요.

1 Why <u>do</u> he like her? → _____
그는 그녀를 왜 좋아하니?

2 <u>What</u> are you angry? → _____
너는 왜 화가 났니?

3 Why <u>is</u> he stay at your house? → _____
그는 왜 네 집에 머무르니?

4 <u>Which</u> is your brother smiling? → _____
네 오빠는 왜 미소짓고 있니?

A 다음 네모칸에 들어갈 알맞은 말을 고르세요.

1 What | Who | Where   color does he like?

2 Whose | When | How   many balls does she have?

3 Where | When | What   does your friend live?

4 Who | What | When   does the restaurant close?

5 Where | Which | How   do you like better, pink shoes or black shoes?

B 다음 질문에 알맞은 대답을 연결하세요.

1 Why didn't you come yesterday? •   • It is 40 dollars.

2 How much is it? •   • Because I was sick.

3 What is she doing now? •   • It is mine.

4 Whose hat is this? •   • She is eating lunch.

C 다음 문장에서 틀린 부분을 바르게 고쳐 문장을 다시 쓰세요.

1 Whose will you do this summer?   → ....

2 Where far is it to your house?   → ....

3 When is this little boy?   → ....

4 Why way should we go, this or that?   → ....

D 다음 단어들을 올바른 순서로 배열하여 완전한 문장을 만들어 보세요.

1 | buy the book | can | you | When | ? 너는 그 책을 언제 살 수 있니?

➡ _____

2 | in New York | are you | How long | going to stay | ?

너는 뉴욕에 얼마나 오래 있을 거니?

➡ _____

E 다음 대화문을 읽고 빈칸에 들어갈 알맞은 의문사를 쓰세요.

A: _____ sports do you like?

B: I like soccer.

A: _____ often do you play soccer?

B: I play soccer every day.

A: _____ do you like it?

B: Because it is fun.

F 다음 질문을 읽고 자신만의 답을 쓰세요.

1 Q: How many pets do you have?

A: _____

2 Q: What food do you like?

A: _____

3 Q: When do you eat dinner?

A: _____

UNIT 52

형용사

명사를 자세히 설명해준다.

 주말에 영화를 봤는데 친구에게 "그 영화 정말 재미있어."라고 말하려면 "The movie is very interesting."이라고 형용사를 사용해 표현할 수 있어요. 오늘은 **명사를 좀 더 구체적으로 설명해주는 '형용사'**에 대해 알아볼까요?

형용사에는 여러 가지 종류가 있어요. 저마다 **성질이나 상태, 모양이나 크기, 색깔, 수나 양 등**을 나타냅니다. 형용사가 명사 앞에 와서 '**형용사＋명사**'의 형태로 쓰일 때 이 형용사는 '**~한**'이라는 뜻이에요. 형용사가 be동사 뒤에서 **주어＋be동사＋형용사**'의 형태가 되면 주어인 **명사의 모양이나 상태, 성질**을 설명해 줍니다.

| 형용사 | ＋ | 명사 | ＝ | ~한 | 주어 | ＋ | be동사 | ＋ | 형용사 | ＝ | ~하다 |

형용사의 종류	• 성질, 상태: **cold/hot** 차가운/뜨거운, **clean/dirty** 깨끗한/더러운 • 모양, 크기: **long/short** 긴/짧은, **big/small** 큰/작은 • 색깔: **black/white** 검정색/하얀색, **yellow** 노란색
형용사＋명사	Does she have long hair? 그녀는 머리가 기니? He bought a new jacket. 그는 새 재킷을 샀어.
be동사＋형용사	His dog is big. 그의 개는 크다. She is tall. 그녀는 키가 크다.

 **Pop Quiz** 다음 각 그룹에 알맞은 형용사를 구분하여 쓰세요.

성질/상태	모양/크기	색깔

blue　　　cold　　　tall　　　clean　　　small　　　dirty
black　　　boring　　　green　　　big　　　short

Fun Practice

A 다음 문장에서 형용사를 찾아 ○를 표시하고 뜻을 쓰세요.

1 The cat is big. → _____

2 My friend has short hair. → _____

3 The room is clean. → _____

4 She is wearing a white hat. → _____

B 다음 네모칸에서 우리말에 알맞은 형용사를 고르세요.

1 We have tall | short trees in the park.   우리는 공원에 키가 큰 나무가 있어.

2 Is your book boring | interesting ?   네 책은 재미있니?

3 The shoes are new | old .   그 신발은 낡았다.

4 The floor is dry | wet .   바닥이 젖었어요.

C 다음 그림을 보고 빈칸에 알맞은 형용사를 〈보기〉에서 골라 쓰세요.

1

It is a _____ wind.

3

She has _____ hair.

2

I can eat _____ soup.

4

The book is _____ .

| 보기 | black | hot | long | strong |

UNIT 53

부사

형용사, 부사, 동사를 더 자세히 설명해준다.

동물 다큐멘터리를 보는데 동생이 "치타가 달리네."하고 말하네요.
"그렇지, 치타가 빠르게 달리고 있지."라고 '달리다'라는 동사를 좀
더 자세히 설명해 줄 수 있어요. '빠르게'처럼 **'어떻게'** 달리고 있는
지를 설명해주는 것이 **'부사'**예요.

부사는 이처럼 **동사와 형용사, 부사를 더 자세히 설명**해줍니다. '노래를 부른다'는 sing이지만,
'노래를 잘 부른다'는 'sing well'이라고 해요. 부사가 **동사를 꾸밀 때는 동사의 앞이나 뒤에 오**
지만 **형용사나 다른 부사를 꾸밀 때는** 형용사나 다른 부사 **앞에** 와요. 대부분의 부사는 형용사에
'-ly'를 붙여서 만듭니다. 하지만 형태가 달라지는 부사도 있으니 주의하세요.

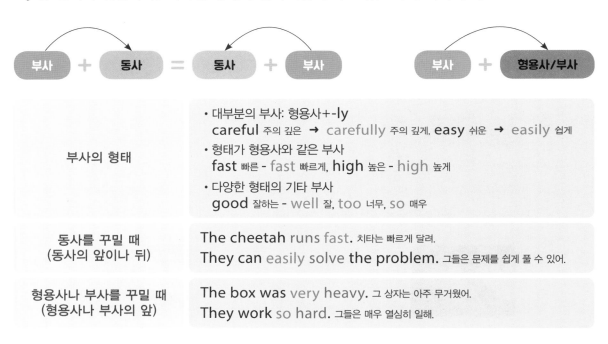

부사의 형태	• 대부분의 부사: 형용사+-ly careful 주의 깊은 → carefully 주의 깊게, easy 쉬운 → easily 쉽게 • 형태가 형용사와 같은 부사 fast 빠른 - fast 빠르게, high 높은 - high 높게 • 다양한 형태의 기타 부사 good 잘하는 - well 잘, too 너무, so 매우
동사를 꾸밀 때 (동사의 앞이나 뒤)	The cheetah runs fast. 치타는 빠르게 달려. They can easily solve the problem. 그들은 문제를 쉽게 풀 수 있어.
형용사나 부사를 꾸밀 때 (형용사나 부사의 앞)	The box was very heavy. 그 상자는 아주 무거웠어. They work so hard. 그들은 매우 열심히 일해.

 **Pop Quiz** 다음 단어들 중 부사에 ○를 표시하세요.

too	heavy	look	fast	so
careful	brightly	slow	happily	solve

Fun Practice

A 다음 문장에서 부사를 찾아 빈칸에 뜻과 함께 쓰세요.

1 The chair is really heavy. → _____

2 The book is too expensive. → _____

3 The girl smiled brightly. → _____

4 They lived happily. → _____

B 다음 네모칸에서 우리말에 알맞은 단어를 고르세요.

1 Look careful | carefully .
주의 깊게 보세요.

2 The little hamster is so | high cute.
그 작은 햄스터는 매우 귀여워.

3 This sofa is too | to expensive.
이 소파는 너무 비싸.

4 He can easy | easily solve the question.
그는 쉽게 문제를 풀 수 있어.

1  **2**

3  **4**

C 괄호 안의 형용사를 사용하여 우리말에 알맞은 문장을 만들어 보세요.

1 He eats so _____. (fast) 그는 아주 빨리 먹어.

2 The bus is moving _____. (slow) 그 버스는 천천히 움직이고 있어.

3 They _____ watched the game. (careful) 그들은 경기를 주의 깊게 봤어.

4 Did she dance _____? (good) 그녀는 춤을 잘 췄어?

UNIT 54

비교급

두 사람 또는 두 가지 사물을 비교한다.

🎧 MP3 54 강의 | 예문

 동물 달리기 대회를 앞두고 토끼와 거북이 중에 "누가 더 빠르니?"라고 묻네요. "내가 거북이보다 더 빨라요."라고 말하려면 어떻게 해야 할까요? 영어로는 "I am faster than Turtle."이라고 해요. 이렇게 **두 사람이나 두 가지 사물을 비교하는 것**을 '비교급'이라고 합니다.

비교급은 **형용사나 부사**에 **-er**이 붙어서, **'더 ~한'**이라는 의미예요. 하지만 몇 가지 예외가 있어요. y로 끝나는 단어는 **y를 i로 고치고 -er**을 붙이고 beautiful처럼 **긴 단어는 앞에 more**를 붙여야 해요. 또한 형태가 완전히 바뀌는 것도 있어요. 영어의 비교급은 **'~보다'**라는 비교 대상이 뒤에 따라 오므로 **than 다음에 비교 대상**을 써주면 됩니다.

형용사/부사의 비교급 + than ~ = ~보다 더 ~한

형 태	단 어	문 장
-er/-ier	tall 큰 - taller 더 큰 easy 쉬운 - easier 더 쉬운	I am taller than Daniel. 나는 다니엘보다 더 커. This is easier than that. 이것이 저것보다 더 쉬워.
more ~	expensive - more expensive 비싼 – 더 비싼	This guitar is more expensive than that guitar. 이 기타는 저 기타보다 더 비싸.
불규칙	good 좋은 - better 더 좋은 bad 나쁜 - worse 더 나쁜	I dance better than Ann. 나는 앤보다 더 춤을 잘 춰. This grape is worse than that grape. 이 포도는 저 포도보다 더 나빠.

■ '단모음+단자음'으로 끝나는 단어의 비교급은 자음을 한 번 더 쓰고 -er를 붙여요. 예 big-bigger, hot-hotter

---

 **Pop Quiz** 다음 그림에 알맞은 비교급을 빈칸에 쓰세요.

1

tall - _____

2

happy - _____

3

expensive - _____

114

🐞 Fun Practice

A 다음 형용사나 부사의 비교급을 쓰세요.

1 high _____

2 big _____

3 fast _____

4 slow _____

5 happy _____

6 beautiful _____

7 easy _____

8 tall _____

B 다음 그림을 보고 빈칸에 알맞은 단어를 <보기>에서 골라 쓰세요.

1 This car is _____ than that car.

2 This woman is _____ than that woman.

3 This apple is _____ than that apple.

4 This mountain is _____ than that mountain.

| 보기 | smaller | worse | older | higher |

C 다음 괄호 안의 단어를 사용하여 우리말에 알맞은 비교급을 만들어 보세요.

1 This building is _____ than that building. (tall)
   이 건물은 저 건물보다 더 높아.

2 My pencil case is _____ than her pencil case. (cheap)
   내 필통은 그녀의 필통보다 더 싸.

3 I sing _____ than Jackson. (good)
   나는 잭슨보다 더 노래를 잘 해.

4 This painting is _____ than that painting. (beautiful)
   이 그림은 저 그림보다 더 아름다워.

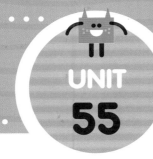

최상급

여러 개 중에서 최고를 나타낸다.

 케이크 가게에 가서 "가장 달콤한 케이크는 어떤 거예요?"라고 물어보았어요. 점원이 "This cake is the sweetest.(이 케이크가 가장 달콤합니다.)"라고 해요. 이번 과에서는 이렇게 **여러 개 중의 최고**라는 의미를 지닌 '**최상급**'에 대해 알아볼까요?

최상급은 **형용사나 부사에 'the+-est'**가 붙어서 '**가장 ~한**'이라는 뜻이 됩니다. 특정한 것을 가리키므로 앞에 the가 붙습니다. 최상급도 비교급처럼 y로 끝나는 단어는 **y를 i로 고치고 -est**를 붙여요. **긴 단어는 앞에 the most**를 붙입니다. 형태가 완전히 바뀌는 것도 있어요.

the largest

the + 형용사/부사의 최상급 = 가장 ~한		
the -est/ -iest	large - larger - the largest 큰 – 더 큰 – 가장 큰 sweet - sweeter - the sweetest 달콤한 – 더 달콤한 – 가장 달콤한	This circle is the largest. 이 원이 가장 크다. Which cake is the sweetest? 어떤 케이크가 가장 달콤해요?
the most ~	expensive - more expensive - the most expensive 비싼 – 더 비싼 – 가장 비싼 popular - more popular - the most popular 인기 있는 – 더 인기 있는 – 가장 인기 있는	This is the most expensive guitar. 이것이 가장 비싼 기타야. STU is the most popular group. STU는 가장 인기 있는 그룹이다.
불규칙	good - better - the best 좋은 – 더 좋은 – 가장 좋은 bad - worse - the worst 나쁜 – 더 나쁜 – 가장 나쁜	I am the best runner in our class. 나는 우리 반에서 달리기를 가장 잘 해. It is the worst movie in this list. 그것은 이 리스트에서 가장 나쁜 영화야.

Pop Quiz 다음 단어에 알맞은 최상급을 쓰세요.

	원급	비교급	최상급
1	cold 추운	colder	
2	expensive 비싼	more expensive	
3	good 좋은	better	

Fun Practice

A 다음 단어들 중 최상급 형용사를 찾아 쓰세요.

> strong   most difficult   large   more difficult
>
> largest   sweeter   more popular   sweet
>
> better   sweetest   worst

B 다음 네모칸에서 우리말에 알맞은 단어를 고르세요.

1 Brad is the ⌈ largest ｜ strongest ⌋ .   브래드가 가장 힘이 세.

2 This cat is the ⌈ cutest ｜ most difficult ⌋ .   이 고양이가 가장 귀여워.

3 Baseball is the ⌈ more popular ｜ most popular ⌋ .   야구가 가장 인기 있어.

4 This candy is the ⌈ most worst ｜ sweetest ⌋ .   이 사탕이 가장 달아.

C 다음 우리말에 알맞은 단어를 〈보기〉에서 골라 최상급으로 고쳐 쓰세요.

1 Whales are the _____ animal.
고래는 가장 큰 동물이야.

2 This is the _____ shirt.
이것이 가장 비싼 셔츠야.

3 She is the _____ player.
그녀는 최고의 선수야.

4 Winter is the _____ season.
겨울은 가장 추운 계절이야.

1  **2**

3  **4**

| 보기 | large | expensive | good | cold |

UNIT 56

수량형용사

명사의 수나 양을 나타낸다.

 인형 가게에는 '많은 예쁜 인형들'이 있어요. 여기서 '예쁜'은 '인형'을 꾸며주는 **형용사**예요. '많다, 적다'는 말은 수량을 나타내기 때문에 이런 형용사는 '**수량형용사**'라고 부릅니다.

수량형용사 '**many(많은)**'는 **셀 수 있는 명사**의 복수형과 함께 씁니다. '**much**'도 '**많은**'이라는 뜻이지만 '돈'이나 '시간'처럼 **셀 수 없는 명사** (단수형)와 함께 다녀요. '**조금 있는**'이라는 말은 '**a few**(셀 수 있는 명사)'나 '**a little**(셀 수 없는 명사)'을 씁니다. 이 외에도 '**약간의**'라는 뜻을 지닌 '**some**'과 '**any**'도 있어요. **some과 any는** 셀 수 있는 명사, 셀 수 없는 명사에 다 쓸 수 있어요.

| 많은 ~ | = | many | + | 셀 수 있는 명사 | / | much | + | 셀 수 없는 명사 |

There are many bananas on the table.
탁자 위에 많은 바나나가 있어.

How much time do you want?
너는 얼마나 많은 시간을 원하니?

| 약간의 ~ | = | (긍정문) some | + | 명사 | / | (부정문) any | + | 명사 |

She has some cousins.
그녀는 사촌이 좀 있어.

I don't have any money.
나는 돈이 조금도 없어.

■ a lot of나 lots of도 '많은'이라는 뜻으로 '셀 수 있는 명사'나 '셀 수 없는 명사' 앞에 다 쓸 수 있어요.
📕 a lot of candies 많은 사탕, lots of time 많은 시간

Pop Quiz 다음 many와 much 뒤에 올 수 있는 단어를 연결하세요.

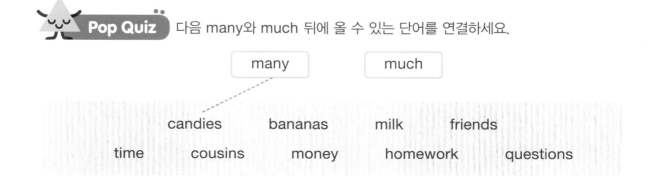

| many | | much |

candies　　bananas　　milk　　friends

time　　cousins　　money　　homework　　questions

Fun Practice

A 다음 네모칸에 들어갈 알맞은 단어를 고르세요.

1 How [many | much] time do you have? 너는 얼마나 많은 시간이 있니?

2 I have [many | much] cousins. 나는 많은 사촌이 있어.

3 Aiden drank too [many | much] milk. 에이든은 많은 우유를 마셨어.

4 How [many | much] money do you need? 너는 얼마나 많은 돈이 필요하니?

B 다음 우리말에 알맞은 단어를 〈보기〉에서 골라 문장을 완성하세요.

보기	any	many	much	some

1 I can't drink _____ water now. 나는 지금 물을 조금도 못 마셔.

2 He has _____ friends. 그는 친구가 많아.

3 Would you like _____ cookies? 쿠키 좀 드실래요?

4 I don't need _____ time. 나는 많은 시간이 필요 없어.

C 다음 밑줄 친 부분을 바르게 고쳐 문장을 다시 쓰세요.

1 I ate <u>much</u> strawberries.　→　-----------------------------
나는 딸기를 많이 먹었어.

2 I don't have <u>some</u> time.　→　-----------------------------
나는 시간이 전혀 없어.

3 Do you save <u>many</u> money?　→　-----------------------------
너는 돈을 많이 저축하니?

4 She doesn't watch <u>lot of</u> movies.　→　-----------------------------
그녀는 영화를 많이 안 봐.

UNIT 57

빈도부사

어떤 일이 얼마나 자주 일어나는지 알려준다.

 "여러분은 치킨을 얼마나 자주 먹나요?"라고 묻는다면 "매일 먹어요.", "가끔 먹어요.", "절대 안 먹어요." 등으로 답할 수 있겠죠? **무엇을 얼마나 자주 하는지 말해주는 부사들을 '빈도부사'**라고 해요. 여기서 '빈도'는 '얼마나 자주'라는 의미입니다.

빈도부사는 일이 얼마나 자주 일어나는지 그 정도에 따라 always(항상), usually(보통), sometimes(가끔), rarely(거의 ~않는), never(절대 ~이 아니다) 등이 있어요. 문장 내에서 빈도부사는 **일반동사 앞**에 오지만 **be동사나 조동사**의 경우에는 **뒤에 온다**는 점에 주의하세요.

| 빈도부사 | = | always | / | usually | / | sometimes | / | rarely | / | never |

100% ⟵ - - - - - - - - - - - - - - - ⟶ 0%

always 항상	Leo always eats breakfast. 레오는 항상 아침을 먹어.
usually 보통	Maya usually gets up early. 마야는 보통 일찍 일어나.
sometimes 가끔	I sometimes watch TV. 나는 가끔 텔레비전을 봐.
rarely 거의 ~않는	I rarely listen to music. 나는 음악을 거의 듣지 않아.
never 절대 ~이 아닌	He never drinks coffee. 그는 절대로 커피를 마시지 않아.

Pop Quiz 다음 빈도부사와 알맞은 뜻을 연결하세요.

1 sometimes •   • 항상

2 usually •   • 거의 않는

3 never •   • 보통

4 rarely •   • 가끔

5 always •   • 절대 안 일어나는

Fun Practice

A 다음 문장에서 빈도부사를 찾아 ○를 표시하세요.

1 I always go to school at 8. 나는 항상 8시에 학교에 가.

2 My brother sometimes plays tennis. 우리 오빠는 가끔씩 테니스를 쳐.

3 She never reads books. 그녀는 책을 절대로 읽지 않아.

4 My dad is usually busy. 우리 아빠는 보통 바쁘셔.

B 다음 우리말에 알맞은 단어를 〈보기〉에서 골라 문장을 완성하세요.

1 They _____ watch TV.
그들은 텔레비전을 거의 보지 않아.

2 She _____ plays piano.
그녀는 항상 피아노를 쳐.

3 Jackson is _____ late for school.
잭슨은 절대로 학교에 늦지 않아.

4 I can _____ listen to the radio.
나는 라디오를 가끔 들을 수 있어.

> **보기**
>
> sometimes
> rarely
> never
> always

C 다음 밑줄 친 부분을 바르게 고쳐 문장을 다시 쓰세요.

1 We don't <u>never</u> drink milk. → _____
우리는 절대로 우유를 마시지 않아.

2 She <u>usually go</u> to sleep early. → _____
그녀는 보통 일찍 잠들어.

3 You <u>look sometimes</u> sad. → _____
너는 가끔 슬퍼 보여.

4 I will <u>remember always</u> you. → _____
나는 널 항상 기억할 거야.

Review 9

A 다음 네모칸에 들어갈 알맞은 말을 고르세요.

1   She drank too   many ｜ much ｜ a few   juice.

2   I have   many ｜ much ｜ a little   brothers and sisters.

3   It was an   interest ｜ interests ｜ interesting   movie.

4   He   always is ｜ is always   gentle to children.

5   Please, look   careful ｜ carefully ｜ care   .

B 다음 문장에서 형용사를 괄호 안의 지시대로 알맞은 형태로 고쳐 쓰세요.

1   Mary is a beautiful girl. (최상급)

→   Mary is _____ _____ _____ girl.

2   I am 10 years old. Jessy is 12 years old. (비교급)

→   Jessy is _____ than me.

3   He is a good player. (최상급)

→   He is _____ _____ player.

4   This board is 1 meter long. That board is 2 meters long. (비교급)

→   That board is _____ _____ this board.

C 다음 문장에서 틀린 부분을 바르게 고쳐 문장을 다시 쓰세요.

1   It is a table clean.   →   ....

2   The pen is expensive really.   →   ....

3   He is slower then me.   →   ....

4   My brother reads books never.   →   ....

D 다음 단어들을 올바른 순서로 배열하여 완전한 문장을 만들어 보세요.

1 | apples | are | There | many | on the table | . 탁자 위에 많은 사과가 있어.

→ _____

2 | watch | sometimes | I | movies | . 나는 가끔 영화를 봐.

→ _____

E 다음 지문을 읽고 괄호 안의 형용사를 비교급 또는 최상급 형태로 고쳐 쓰세요.

1 A: This pen is _____ _____ (expensive) than that pen.

B: But that pen is _____ (good) than this pen.

A: I am going to buy that pen.

2 A: Who is the _____ (tall) in your class?

B: Jeremy is the _____ (tall) in our class.

A: And he is also the _____ (fast) in our class, too.

F 다음 질문을 읽고 자신만의 답을 쓰세요.

1 Q: How many pencils do you have?

A: _____

2 Q: How much milk did you have this morning?

A: _____

3 Q: How much money did you spend at the store?

A: _____

시간 전치사 in, on, at

연도나 월에는 in, 요일이나 특정한 날엔 on, 정확한 시간에는 at!

 정아는 2006년에 태어났어요. 이번 주 토요일 1시에 친구들과 생일파티를 할 거예요. 2006년에, 토요일에, 1시에… 이렇게 시간을 나타낼 때 우리말은 모두 '~에'라고 합니다. 하지만 **영어는 시간의 종류에 따라 제각기 다른 말을 써야 해요.**

'전치사'는 명사나 대명사 앞에서 시간이나 장소, 방법 등을 나타내는 말이에요. 위의 경우처럼 시간을 나타내는 말과 함께 쓰이면 **시간 전치사**라고 한답니다. 2006년처럼 **큰 시간 단위**에는 **in**을, 토요일처럼 요일 앞에서는 **on**을, 1시처럼 **정확한 시간** 앞에서는 **at**를 써야 해요.

in	+	큰 시간 단위		on	+	요일, 특정한 날		at	+	특정한 시간

in	연도 월 계절	I was born in 2006. 나는 2006년에 태어났어. She is going to move in March. 그녀는 3월에 이사할 거야. It's cold in winter. 겨울에는 날씨가 추워.
on	요일 특정한 날	My birthday is on Saturday. 내 생일은 토요일이야. The test is on July 8. 시험은 7월 8일이야. We have a party on Christmas. 우리는 크리스마스에 파티가 있어.
at	특정한 시간 하루의 때	I am going to meet him at 1 o'clock. 나는 1시에 그를 만날 거야. Let's eat lunch at noon. 정오에 점심식사를 해요.

■ in the morning(아침에), in the afternoon(오후에), in the evening(저녁에), at night(밤에)도 알아두세요.

Pop Quiz 각 단어 앞에 들어갈 전치사로 알맞은 것에 ✓를 표시하세요.

	in	on	at				in	on	at	
1				3 o'clock		**4**				winter
2				April		**5**				night
3				Wednesday		**6**				2020

 **Fun Practice**

A 다음 전치사 뒤에 올 수 있는 표현을 연결하세요.

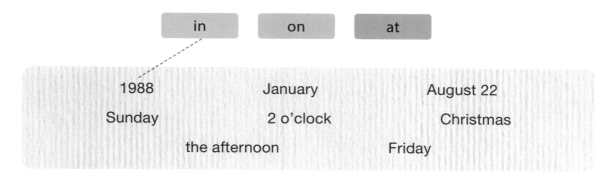

| in | on | at |

1988　　　　January　　　　August 22

Sunday　　　　2 o'clock　　　　Christmas

the afternoon　　　　Friday

B 다음 네모칸에 들어갈 알맞은 전치사를 고르세요.

1 My birthday is [at | on] June 1.
내 생일은 6월 1일이야.

2 We can ski [in | on] winter.
우리는 겨울에 스키를 탈 수 있어.

3 Let's meet [at | on] 6 o'clock.
우리 6시에 만나자.

4 I will call you [at | in] the morning.
내가 아침에 너한테 전화할게.

1 　**2**

3 　**4**

C 다음 우리말에 알맞은 표현을 〈보기〉에서 골라 문장을 완성하세요.

1 My father eats dinner ＿＿＿＿＿＿.　　우리 아빠는 7시 30분에 저녁을 드셔.

2 I will go swimming ＿＿＿＿＿＿.　　나는 토요일에 수영하러 가.

3 They are going to have a party ＿＿＿＿＿＿.　　그들은 크리스마스에 파티를 할 거야.

4 My birthday is ＿＿＿＿＿＿.　　내 생일은 2월에 있어요.

보기　　on Saturday　　in February　　on Christmas　　at 7:30

위치 전치사 l

'안에'는 in, '위에'는 on, '아래에'는 under를 사용한다.

🎧 MP3 60 강의 l 예문

고양이 초코는 매일 어디엔가 숨어서 낮잠을 잔답니다. 아무리 찾아도 초코가 어디 있는지 모르겠네요. 의자 위에도 없고 상자 안에도 없고 책상 아래에도 없어요. 도대체 초코는 어디에 숨어서 잠을 자고 있는 걸까요? 앗, 초코가 침대 위에 있네요. '~위에, 아래에, ~안에'처럼 **사물의 위치를 나타내는** 표현을 위치 전치사라고 합니다. '**in**'은 '~안에'라는 뜻이고 '**on**'은 '~위에', '**under**'는 '~아래에'라는 뜻의 위치 전치사예요.

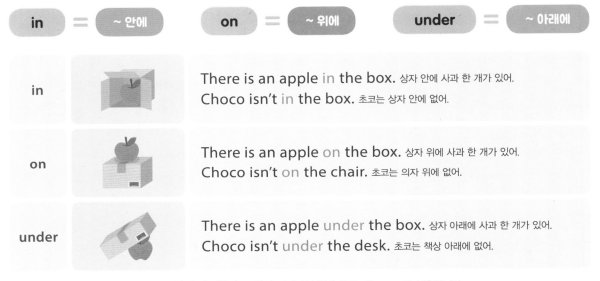

| in | = | ~ 안에 | on | = | ~ 위에 | under | = | ~ 아래에 |

in		There is an apple in the box. 상자 안에 사과 한 개가 있어. Choco isn't in the box. 초코는 상자 안에 없어.
on		There is an apple on the box. 상자 위에 사과 한 개가 있어. Choco isn't on the chair. 초코는 의자 위에 없어.
under		There is an apple under the box. 상자 아래에 사과 한 개가 있어. Choco isn't under the desk. 초코는 책상 아래에 없어.

■ on은 표면 위에 바로 접촉해 있는 상태일 때 사용해요. 약간 떨어져서 위에 있을 때는 over를 사용합니다.
  🔵 on the table 탁자 위에, on the wall 벽에

 **Pop Quiz** 다음 그림을 보고 알맞은 위치 전치사를 쓰세요.

1

_____

2

_____

3

_____

126

Fun Practice

A 다음 그림과 알맞은 전치사를 연결하세요.

1

2

3

in

on

under

4

5

6

B 다음 그림을 보고 알맞은 전치사를 써서 문장을 완성하세요.

1 The dog is _____ the chair.

2 The umbrella is _____ the bag.

3 The cat sleeps _____ the chair.

4 The bag is _____ the table.

C 다음 우리말에 알맞은 단어를 〈보기〉에서 골라 문장을 완성하세요.

1 Your T-shirt is _____ the bed. 　　　네 티셔츠가 침대 위에 있어.

2 My cup is _____ the table. 　　　내 컵이 탁자 위에 있어.

3 His socks are _____ the sofa. 　　　그의 양말이 소파 밑에 있어.

4 Her pencil is _____ the pencil case. 　　　그녀의 연필이 필통에 있어.

보기		
in	on	under

UNIT 61

위치 전치사 II

'옆에'는 next to, '뒤에'는 behind, '앞에'는 in front of, '사이에'는 between

 주연이의 할머니가 안경을 찾고 계시네요. 할머니 안경은 어디에 있을까요? 고양이 뒤에도 없고, 소파 아래에도 없고, 할머니 가방 앞에도 없네요. 여러분은 어디 있는지 찾을 수 있나요? 안경은 고양이 초코와 할머니 가방 사이에 있답니다.

이번 과에서는 위치를 나타내는 다른 전치사들을 배워볼까요? '～옆에'는 'next to', '～뒤에'는 'behind', '～앞에'는 'in front of', '～사이에'는 'between'이라는 전치사를 사용합니다.

next to ~옆에	behind ~뒤에	in front of ~앞에	between ~사이에

next to		Grandma's glasses aren't next to the TV. 할머니의 안경은 TV 옆에 없어요.
behind		Her glasses are not behind the sofa. 그녀의 안경은 소파 뒤에 없어요.
in front of		Her glasses are not in front of Grandma's bag. 그녀의 안경은 할머니 가방 앞에 없어요.
between		Her glasses are between the cat and the bag. 그녀의 안경은 고양이와 가방 사이에 있어요.

 **Pop Quiz** 다음 위치 전치사에 따라 알맞은 공의 위치를 그려 보세요.

1

behind

2

between

3

next to

4

in front of

Fun Practice

A 그림과 일치하는 전치사를 연결한 다음 빈칸에 전치사를 쓰세요.

1

....

next to

between

behind

in front of

3

....

2

....

4

....

B 다음 네모칸에서 우리말에 알맞은 전치사를 고르세요.

1 There is a robot   next to | in front of   the chair. 의자 옆에 로봇이 있어.

2 Who is sitting   behind | between   John and Mary? 존과 메리 사이에 누가 앉아 있니?

3 It is   between | behind   the bus stop. 그것은 버스 정류장 뒤에 있어.

4 He is standing   next to | in front of   the bookstore. 그가 서점 앞에 서 있어.

C 다음 빈칸에 우리말에 알맞은 위치 전치사를 써서 문장을 완성하세요.

1 Your brother is _____ the bench. 네 동생은 벤치 앞에 있어.

2 Who is the boy _____ Jane? 제인 옆에 있는 소년은 누구니?

3 There is a red box _____ the lamp. 램프 뒤에 빨간색 상자가 있어.

4 There is a restaurant _____ the library and the train station.
도서관과 기차역 사이에 식당이 있어.

UNIT 62

장소 전치사

좁은 지역이나 특정 지점/장소일 때는 at, 넓은 지역이나 내부일 때는 in

 MP3 62 강의 | 예문

 명진이는 토요일에 민준이와 놀이공원에 놀러 가기로 했어요. 민준이가 오전에 지하철 역에서 만나자고 하네요. 우리말은 장소를 표현할 때 '~에서'라고 하지만 영어는 **좁은 지역이나 어느 한 지점, 특정 장소**'를 말할 때는 at를 사용해요. '지하철 역에서'는 'at the subway station'이라고 말해야 한답니다.

명진이의 이모는 제주도에 살고 있어요. 도시처럼 **'넓은 지역'**을 말할 때는 in이라는 전치사를 써야 합니다. 하지만 '교실에'처럼 **특정 장소의 내부를 말할 때도 in**을 써서 'in the classroom'이라고 합니다.

~에서 =	at +	한 지점, 좁은 지역	/	in +	넓은 장소, 공간 내부

at	한 지점	Let's meet at the subway station. 지하철 역에서 만나자. She is waiting for you at the library. 그녀는 도서관에서 너를 기다리고 있어.
	좁은 장소	
in	넓은 장소	My aunt lives in Jeju island. 우리 이모는 제주도에 살고 있어요. Is your mother in the kitchen now? 네 엄마는 지금 부엌에 있니?
	공간의 내부	

- 어떤 장소로 간다고 할 때 '~(으)로'라는 방향을 나타내는 말은 전치사 to를 사용합니다.
  - 예 I am going to the station. 나는 역으로 가는 중이야.

Pop Quiz 다음 장소에 알맞은 전치사를 고르세요.

1 in | at Seoul

2 in | at the museum

3 in | at Jeju island

4 in | at the bus stop

5 in | at home

6 in | at the living room

7 in | at China

8 in | at the sky

 **Fun Practice**

A 다음 전치사 뒤에 올 수 있는 단어를 연결하세요.

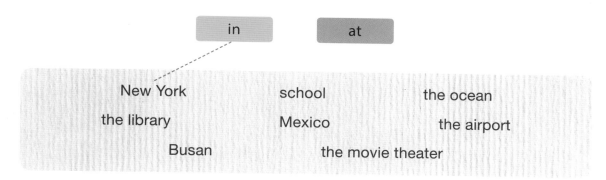

in   at

New York   school   the ocean

the library   Mexico   the airport

Busan   the movie theater

B 다음 빈칸에 우리말에 알맞은 장소 전치사를 넣어 문장을 완성하세요.

1 He isn't _____ the living room. 그는 거실에 없어.

2 Is your sister _____ home now? 네 여동생은 지금 집에 있니?

3 How about meeting _____ the bus stop? 버스 정류장에서 만나는 게 어때?

4 We can see many stars _____ the sky. 우리는 하늘에서 많은 별들을 볼 수 있어.

C 다음 밑줄 친 부분을 바르게 고쳐 문장을 다시 쓰세요.

1 There are a lot of sea animals <u>at</u> the ocean. 바다에는 많은 해양 동물이 있어.
→ ....

2 Did you meet Brian <u>on</u> the library? 너는 도서관에서 브라이언을 만났니?
→ ....

3 My friend Jungeun lives <u>at</u> China. 내 친구 정은이는 중국에 살아.
→ ....

4 Let's meet <u>on</u> the movie theater tomorrow. 내일 영화관에서 만나자.
→ ....

UNIT 63

기타 전치사

for, during, by, about, from, with 등의 기타 전치사

🎧 MP3 63 강의 | 예문

 시간, 장소, 위치 전치사 외에도 영어에는 다양한 종류의 전치사가 있어요.

우리말로 '~동안에'라는 말은 영어로 두 가지가 있어요. 두 시간 동안처럼 **숫자로 구체적인 기간을 나타낼 때는 for**를, 여름방학처럼 **일정 기간을 나타낼 때는 during**을 사용해요. '**by**'는 교통수단 앞에서 '~을 타고'의 뜻이에요. '~에 관해서'는 '**about**'을, '~로부터'는 '**from**'을, '~와 함께'는 '**with**'를 씁니다. 참고로 전치사 다음에 **대명사**가 오면 **목적격**으로 써야 합니다.

for	during	by	about	from	with
~동안	~동안	~을 타고	~에 관해	~로 부터	~와 함께

for 숫자 포함한 구체적 시간	He played basketball for 2 hours. 그는 두 시간 동안 농구를 했어.
during 일정한 기간	What did you do during winter vacation? 너는 겨울 방학 동안 무엇을 했니?
by	I go to school by bus. 나는 버스를 타고 학교에 가.
about	The story is about a brave girl. 그 이야기는 용감한 소녀에 관한 거예요.
from	Where are you from? 너는 어디에서 왔니?
with	Eric is talking with his friend. 에릭은 그의 친구와 이야기하고 있어.

■ 전치사 for에는 '~를 위해'라는 뜻도 있어요. 예 I bought this for you. 나는 널 위해 이걸 샀어.

Pop Quiz 다음 빈칸에 우리말에 알맞은 전치사를 쓰세요.

1 그와 함께 → _____ him

2 너 자신에 관해 → _____ yourself

3 택시를 타고 → _____ taxi

4 1시간 동안 → _____ an hour

5 프랑스로부터 → _____ France

6 정민을 위해 → _____ Jungmin

7 방학 동안 → _____ vacation

8 그들과 함께 → _____ them

Fun Practice

A 다음 네모칸에 들어갈 알맞은 전치사를 고르세요.

1 I bought this to | for you.

2 David is from | during Canada.

3 My mom goes to work for | by car.

4 My brother is talking by | with his friend.

1
2
3
4

B 다음 우리말에 알맞은 전치사를 〈보기〉에서 골라 문장을 완성하세요.

1 I went there _____ train. 나는 그곳에 기차로 갔어.

2 The movie is _____ a poor woman. 그 영화는 가난한 여인에 관한 내용이야.

3 What did you do _____ summer vacation? 너는 여름방학에 뭐 했니?

4 Where is Jane _____? 제인은 어디서 왔니?

보기			
during	by	about	from

C 다음 밑줄 친 부분을 바르게 고쳐 문장을 다시 쓰세요.

1 He played basketball <u>to</u> 3 hours. → ------------------------------
그는 3시간 동안 농구를 했어.

2 Let's talk <u>during</u> her. → ------------------------------
그녀와 함께 얘기해보자.

3 They went to the park <u>from</u> bus. → ------------------------------
그들은 버스를 타고 공원에 갔어.

4 The book is <u>with</u> a soccer player. → ------------------------------
그 책은 축구선수에 관한 내용이야.

UNIT 64   Review 10

A 다음 네모칸에 들어갈 알맞은 말을 고르세요.

1 I am going to meet him   in │ at │ to   night.

2 He bought some chocolate   from │ for │ at   her.

3 My aunt goes to temple   to │ with │ by   car.

4 What are you going to do   for │ during │ in   winter vacation?

5 My grandparents live   at │ in │ from   Jeju island.

B 그림을 보고 빈칸에 알맞은 전치사를 넣어 문장을 완성하세요.

1 There are three cats _____ the table.

2 There is a dog _____ the table.

3 There are two bags _____ the table.

4 There is a lamp _____ the bags.

C 다음 문장에서 틀린 부분을 바르게 고쳐 문장을 다시 쓰세요.

1 Are you to the living room?   → ----------------------------------

2 Can you tell me with the movie?   → ----------------------------------

3 She played volleyball by her friends.

　→ ----------------------------------

4 My father plays soccer at the morning.

　→ ----------------------------------

134

D 다음 단어들을 올바른 순서로 배열하여 완전한 문장을 만들어 보세요.

1   on   buy chocolate   People   Valentine's Day .

사람들이 밸런타인 데이에 초콜릿을 사.

➜ _____

2   in the sea   I   many sea animals   can see .

나는 바다에서 많은 해양동물을 볼 수 있어.

➜ _____

E 다음 지문을 읽고 우리말에 알맞은 전치사를 쓰세요.

1 John is standing _____ (앞에) the bakery.

Sam is sitting _____ (위에) the bench.

Mary is waiting _____ (사이에) the bakery and the hospital.

2 A: Hello. I lost my notebook. Is it _____ (안에) your bag?

B: No, it isn't. Oh, it's _____ (아래에) my bag. Come to my house.

A: Okay. Thanks.

F 다음 질문을 읽고 자신만의 답을 쓰세요.

1 Q: What are you going to do during your vacation?

A: _____

2 Q: Where is your mother now?

A: _____

3 Q: What time do you get up?

A: _____

UNIT 65

접속사 I (and, but, or)

단어와 단어 또는 문장과 문장을 연결해 준다.

 동물원에 갔다 온 친구에게 "어제 동물원에서 무슨 동물을 봤니?"라고 물어보니 "I saw monkeys and pandas.(원숭이와 판다를 봤어.)"라고 하네요. 이처럼 **말과 말을 연결**해주는 'and, but, or' 같은 말을 '**접속사**'라고 합니다.

접속사 '**and**'는 '그리고', '~와/~하고'라는 뜻이에요. **단어와 단어**를 연결할 수도 있고, **문장과 문장**을 연결할 수도 있어요. 접속사 '**but**'은 '**그러나**', '**하지만**'이라는 뜻으로 **앞에서 말한 것과 반대되는 내용**을 이야기할 때 씁니다. 접속사 '**or**'는 '**또는**', '**~(이)나/아니면**'이라는 뜻으로 둘 중 하나를 고를 때 씁니다.

and = 그리고   **but** = 그러나   **or** = 또는

and	I saw monkeys and pandas. 나는 원숭이와 판다를 봤어. She is playing the piano, and her brother is singing a song. 그녀는 피아노를 치고 있고 그녀의 남동생은 노래를 부르고 있어.
but	The train is old but fast. 그 기차는 오래됐지만 빨라. Violet is thin, but she eats a lot. 바이올렛은 말랐지만 많이 먹어.
or	Do you like pizza or spaghetti? 너는 피자를 좋아하니 스파게티를 좋아하니? I want to play baseball or play soccer. 나는 야구를 하거나 축구를 하고 싶어.

Pop Quiz 다음 우리말에 알맞은 접속사(and, but, or)를 쓰세요.

1 lions   tigers
사자와 호랑이

2 young   smart
어리지만 똑똑한

3 baseball   soccer
야구 혹은 축구

4 poor   happy
가난하지만 행복한

5 Jenny   I
제니와 나

6 pizza   spaghetti
피자 혹은 스파게티

Fun Practice

A 다음 네모칸에서 우리말에 알맞은 단어를 고르세요.

1 I saw elephants and | but zebras. 나는 코끼리와 얼룩말을 봤어.

2 Lisa, come or | and eat your breakfast. 리사, 와서 아침 먹으렴.

3 This cup is pretty and | but heavy. 이 컵은 예쁘긴 한데 무거워.

4 Can you speak English but | or Chinese? 너는 영어나 중국어를 할 수 있니?

B 다음 우리말에 맞게 빈칸에 and, but, or를 골라 쓰세요.

1 I wore a swimming suit _____ goggles. 나는 수영복과 고글을 착용했어.

2 Do you like oranges _____ melons? 너는 오렌지가 좋아 멜론이 좋아?

3 A hotdog is cheap _____ very delicious. 핫도그는 싸지만 아주 맛있어.

4 Let's go _____ play outside. 우리 밖에 가서 놀자.

C 다음 우리말과 같은 뜻이 되도록 밑줄 친 접속사를 바르게 고쳐 문장을 다시 쓰세요.

1 Jenifer <u>but</u> I are sisters. → ------------------------------------
제니퍼와 나는 자매야.

2 I like dogs <u>and</u> I don't like cats. → ------------------------------------
나는 개를 좋아하지만 고양이는 좋아하지 않아.

3 My room is clean <u>or</u> warm. → ------------------------------------
내 방은 깨끗하고 따뜻해.

4 Do you want to eat rice <u>but</u> bread? → ------------------------------------
너는 밥을 먹고 싶니 빵을 먹고 싶니?

UNIT 66

접속사 II (when, because)

때와 이유를 나타내는 접속사!

 친구가 "너는 언제 행복하니?"라고 물어보면 "나는 춤출 때 행복해."라고 답할 수 있겠죠. 영어로는 "I am happy when I dance."라고 해요. 'when'은 '언제'라는 뜻의 의문사로 쓰이기도 하지만 '~할 때'라는 뜻의 **접속사로 문장과 문장을 연결**해 주기도 해요. 접속사 when은 '**주어＋동사 when 주어＋동사**'의 형태로 사용합니다.

접속사 because는 '~이기 때문에, 왜냐하면'이라는 뜻으로 **이유나 원인**을 말할 때 사용합니다. because는 문장과 문장을 연결시켜 주며 '**주어＋동사(결과) because 주어＋동사(원인)**'의 형태로 사용합니다.

| when | = | ~할 때 | because | = | ~이기 때문에, 왜냐하면 |

주어＋동사 when 주어＋동사	I shout when I am scared. 나는 무서울 때 소리쳐. I am happy when I sing. 나는 노래할 때 행복해.
주어＋동사 because 주어＋동사	I didn't go to school because I was sick. 나는 아파서 학교에 가지 못했어. We like Lucy because she is funny. 루시는 재미있기 때문에 우리는 루시를 좋아해.

- when이나 because가 이끄는 문장은 앞쪽이나 뒤쪽 모두에 올 수 있어요.
  예 I shout when I am scared. = When I am scared, I shout.

Pop Quiz 다음 우리말과 같은 뜻이 되도록 when이나 because를 골라 쓰세요.

1		he was young	그는 젊었을 때
2		she is friendly	그녀는 친절하기 때문에
3		the phone rang	전화가 울렸을 때
4		your room is dirty	너의 방이 더러워서

Fun Practice

A 다음 문장에서 접속사를 찾아 ○를 표시하고 그 뜻을 쓰세요.

1 I am happy when I play the piano. → _____

2 She can't sleep because it is noisy. → _____

3 When I went home, I watched a new movie. → _____

4 He was not hungry because he ate a lot. → _____

B 다음 네모칸에서 우리말에 알맞은 단어를 고르세요.

1 My mom was angry when | because I yelled at my sister.
내가 여동생한테 소리쳤기 때문에 엄마가 화가 났어.

2 I went to the sea when | because I was five years old.
나는 다섯 살 때 바다에 갔어.

3 I like to eat chocolate cake when | because I am tired.
나는 피곤할 때 초콜릿 케이크 먹는 것을 좋아해.

4 I love my cat when | because he is really cute.
고양이가 정말 귀엽기 때문에 나는 우리 고양이를 사랑해.

C 다음 우리말과 같은 뜻이 되도록 밑줄 친 접속사를 바르게 고쳐 쓰세요.

1 I am worried or he is late. → _____
그가 늦어서 나는 걱정이 돼.

2 His mom was cooking because he came home. → _____
그가 집에 왔을 때 엄마가 요리를 하고 있었어.

3 We can't play baseball but it's raining. → _____
비가 오고 있어서 우리는 야구를 할 수 없어.

4 I always eat popcorn and I watch a movie. → _____
나는 영화를 볼 때 항상 팝콘을 먹어.

UNIT 67

감탄문

감탄이나 놀라움을 나타낸다.

 친구 집에 걸어가다가 인형처럼 귀여운 새끼 고양이를 발견했어요. 이때 "이 새끼 고양이 정말 귀엽다!"를 영어로는 "What a cute kitty!"라고 합니다. 이처럼 **감탄을 표현하거나 놀라움을 나**타낼 때 '**감탄문**'을 씁니다.

감탄문은 **What**으로 시작하는 감탄문과 **How**로 시작하는 감탄문이 있으며 **문장 끝에 느낌표(!)**를 붙여야 해요. what으로 시작하는 감탄문은 명사를 강조할 때 사용하며 '**What+a/an+형용사+단수명사+(주어+동사)!**'로 만들어요. how로 시작하는 감탄문은 형용사나 부사를 강조할 때 사용하며 '**How+형용사/부사+(주어+동사)!**'로 만들어요. 이때 **주어와 동사는 생략할 수 있어요.**

What + **a** + **형용사** + **명사** = **정말 ~하구나!**

It's a very beautiful house. (평서문) → What a beautiful house (it is)! (감탄문)
그것은 정말 아름다운 집이야.　　　　　　　정말 아름다운 집이구나!

He is a very tall boy. → What a tall boy (he is)!
그는 매우 키가 큰 소년이야.　　　　정말 키가 큰 소년이네!

How + **형용사/부사** = **정말 ~하구나!**

The pizza is very delicious. → How delicious (the pizza is)!
이 피자는 정말 맛있다.　　　　　　정말 맛있구나!

The plane flies very fast. → How fast (the plane flies)!
그 비행기는 정말 빨리 난다.　　　　정말 빠른 비행기네!

■ 복수명사가 올 때는 What+형용사+복수명사+(주어+동사)!로 만들어요. **예** What nice shirts! 정말 좋은 셔츠다!

Pop Quiz 다음 문장 중 감탄문에 ✓를 표시하세요.

1 What a nice day! ☐　　**4** He is very rude. ☐

2 You are very strong. ☐　　**5** What a cute boy! ☐

3 How pretty she is! ☐　　**6** They are very beautiful flowers. ☐

Fun Practice

A 다음 평서문을 감탄문으로 바꿀 때 네모칸에 알맞은 말을 고르세요.

1 He is a very good player. → What | How a good player!

2 My dad is very kind. → What | How kind my dad is!

3 The car runs very fast. → What | How fast the car runs!

4 She has very beautiful eyes. → What | How beautiful eyes!

B 다음 단어를 재배열해 문장을 완성하세요.

1 a long neck What giraffes have ! → ....
기린은 정말 목이 길구나!

2 the story How amazing is ! → ....
정말 놀라운 이야기구나!

3 dog What a small ! → ....
정말 작은 강아지네!

4 interesting How the movie is ! → ....
정말 재미있는 영화구나!

C 다음 밑줄 친 부분을 바르게 고쳐 문장을 다시 쓰세요.

1 What <u>nice</u> robot this is! → ....
이 로봇 정말 멋있네!

2 What <u>pretty</u> picture! → ....
정말 예쁜 그림이네!

3 How <u>a busy</u> my sister is! → ....
우리 언니는 정말 바빠!

4 How <u>a slow</u> my computer is! → ....
정말 느린 컴퓨터야!

UNIT 68 명령문

'~해라' 하고 행동을 요구한다.

정신없이 휴대폰 게임을 하면서 길을 걷는 친구가 돌부리에 걸려 넘어지려고 하네요. 이럴 때 다급하게 "조심해!"하고 소리치게 되죠. 영어로는 "Be careful!"이라고 표현합니다. **상대방에게 무엇을 하라고 행동을 요구할 때** 쓰는 문장을 '**명령문**'이라고 해요.

보통 영어 문장을 만들 때는 '주어＋동사'가 있어야 합니다. 하지만 **명령문**은 그 말을 듣는 당사자인 You에게 직접 이야기하는 것이므로 **주어를 빼고 동사로 시작**해야 합니다. 이때 기억할 점은 꼭 **동사원형**으로 시작해야 한다는 거예요. 명령문에 **please**를 붙이면 조금 더 **공손한 표현**의 명령문이 됩니다.

Be동사 명령문	＝	Be	＋	형용사

일반동사 명령문	＝	동사원형 ~

Be동사 명령문	Be careful. 조심해. Be quiet, please. 조용히 해주세요. Be happy! 행복해라!
일반동사 명령문	Open the window. 창문 좀 열어줘. Come here, please. 이리 좀 와주세요. Sit down, please! 앉으세요.

■ please는 문장의 앞이나 뒤에 모두 올 수 있어요. 예 Please, come here.

Pop Quiz 다음 중 명령문에 ✓를 표시하세요.

1 What a beautiful world! ☐

2 Hurry up! ☐

3 Can you open the window? ☐

4 Be kind to your sister! ☐

5 Come and eat lunch. ☐

6 It is raining. ☐

Fun Practice

A 다음 문장과 알맞은 그림을 연결하세요.

1 Sing a song. •

2 Use your chopsticks. •

3 Be happy! •

4 Wash your hands. •

B 다음 우리말에 알맞은 단어를 〈보기〉에서 골라 문장을 완성하세요.

1 _____ right! 오른쪽으로 돌아!

2 _____ up early! 일찍 일어나!

3 _____ down, please. 앉아 주세요.

4 _____ quiet, please! 조용히 해주세요!

보기	be	sit	turn	get

C 다음 밑줄 친 부분을 고쳐 명령문으로 다시 쓰세요.

1 <u>To come</u> my house. → _____

2 <u>Plays</u> the piano. → _____

3 <u>Cleaned</u> the classroom. → _____

4 <u>Closed</u> your eyes, please. → _____

UNIT 69

부정 명령문

'~하지 마'라고 어떤 행동을 하지 말라고 요구한다.

 만약 주위에 약속에 매번 늦는 친구가 있다면 그 친구에게 "늦지 마!"라고 말할 수 있어요. 영어로는 "Don't be late!"라고 해요. 이렇게 상대방에게 무엇을 하지 말라고 요구할 때 **부정 명령문**을 씁니다.

앞에서 명령문은 주어를 생략하고 '동사원형'으로 시작한다고 배웠어요. **부정 명령문**도 **주어를 생략**하고 동사 앞에 **Don't**를 붙인 다음 동사원형이 나오면 됩니다. **부정 명령문**은 '~하지 마!'라는 뜻으로 긍정 명령문과 마찬가지로 please를 붙이면 조금 더 공손한 표현이 됩니다.

> **Be동사 부정 명령문** = **Don't be** + **형용사**
>
> **일반동사 부정 명령문** = **Don't** + **동사원형**

Be동사 부정 명령문	Don't be late. 늦지 마. Don't be sad, please. 슬퍼하지 마세요. Don't be sorry. 미안해하지 마세요.
일반동사 부정 명령문	Don't fight with your friend. 친구랑 싸우지 마. Don't run, please. 뛰지 마세요. Don't cry. 울지 마.

■ Don't 대신에 Never를 쓸 수도 있어요. 의미는 '절대로 ~하지 마.'입니다.
  예 Don't be late! 늦지 마!, Never be late! 절대로 늦지 마!

Pop Quiz 다음 중 부정 명령문에 ✓를 표시하세요.

1 Come to my house. ☐

2 Don't be loud! ☐

3 Please, don't run! ☐

4 Pass the sugar, please. ☐

5 Don't close the door. ☐

6 Get up early! ☐

Fun Practice

A 다음 문장과 알맞은 그림을 연결하세요.

1 Don't use the cell phone. •

2 Don't take pictures here. •

3 Don't eat now! •

4 Don't go shopping. •

B 다음 단어를 재배열해 문장을 완성하세요.

1 open　Don't　the window　!　→ _____
창문 열지 마!

2 stand　here　Don't　.　→ _____
여기 서 있지 마.

3 be　Don't　rude　!　→ _____
무례하게 굴지 마!

4 move　the boxes　Don't　.　→ _____
이 상자들은 옮기지 마.

C 다음 우리말에 알맞은 단어를 〈보기〉에서 골라 문장을 완성하세요.

1 Don't _____ to me!　　나한테 거짓말 하지 마!

2 Don't _____ the subway.　　지하철 타지 마.

3 Don't _____ angry with me.　　나한테 화내지 마.

4 Don't _____ anything.　　아무것도 건드리지 마.

보기
touch
take
lie
be

🎧 MP3 70 예문

A 다음 네모칸에 들어갈 알맞은 말을 고르세요.

1 Don't   use | used | uses   the camera.

2   Come | Comes | Came   here, please.

3 I saw lions   and | but | or   zebras.

4 This hat is pretty   when | but | or   heavy.

5 She didn't go to school   because | or | and   she was sick.

B 다음 문장을 괄호 안의 지시대로 알맞은 형태로 고쳐 보세요.

1 She is a very good singer. (감탄문)   →   _____ _____ good singer!

2 Be late. (부정 명령문)   →   _____ _____ late.

3 My mom is very kind. (감탄문)   →   _____ _____ my mom is!

4 Fight with your sister. (부정 명령문)   →   _____ _____ with your sister.

C 다음 문장에서 틀린 부분을 찾아 바르게 고쳐 쓰세요.

1 Uses your computer.   →   ....

2 Opens the door, please!   →   ....

3 Not do be afraid!   →   ....

4 Do turn on the TV not.   →   ....

D 다음 단어들을 올바른 순서로 배열하여 완전한 문장을 만들어 보세요.

1 [nice] [How] [the picture] [is] ! 정말로 멋진 그림이구나!

→ _____

2 [a friendly] [What] [dad] [he is] ! 그는 정말로 다정한 아빠구나!

→ _____

E 지문을 읽고 빈칸에 알맞은 말을 〈보기〉에서 골라 명령문을 완성하세요.

1 A: It is too noisy outside. _____ the window, please.

B: Okay.

A: And _____ _____ the radio, too.

2 A: Don't _____! It is dangerous.

B: I am sorry! I am late for class.

A: But _____ careful!

> 보기   run   close   be   turn off

F 다음 질문을 읽고 자신만의 답을 쓰세요.

1 Q: Why are you late?

A: _____

2 Q: When are you happy?

A: _____

3 Q: Why do you like Jackson?

A: _____

UNIT 71

비인칭 주어 it

시간, 날씨, 날짜, 요일, 거리 등을 나타내면서 뜻은 없는 비인칭 주어 it

🎧 MP3 71 강의 | 예문

 오늘은 경희가 소풍을 가는 날이에요. 아침에 일어나자마자 날씨를 확인하니 해가 나고 날씨가 화창하네요. 이런 날씨에 대해 말할 때 영어로는 "It is sunny."라고 합니다. 이 문장은 "그것은 화창합니다."라는 뜻일까요?

원래 **it**은 '**그것**'이라는 뜻의 **지시대명사**라고 배웠어요. 하지만 오늘 배울 it은 뜻이 없어요. **날씨** 외에도 **시간, 날짜, 요일, 거리, 명암** 등을 이야기할 때 **it**을 **주어**로 써서 문장을 만들어요. 이때 it은 주어로 쓰이지만 이름만 주어일 뿐 아무것도 지칭하는 것이 없어서 **비인칭 주어**라고 한답니다.

비인칭 주어 It =	시간	날짜	요일	거리	날씨	명암

시간	What time is it? 몇 시니?	It's eight o'clock. 여덟 시야.
날짜	What's the date? 몇 일이니?	It's December 5. 12월 5일이야.
요일	What day is it today? 오늘 무슨 요일이니?	It's Sunday. 일요일이야.
거리	How far is it? 얼마나 멀어?	It's 4 km from here. 여기서부터 4킬로미터야.
날씨	How's the weather today? 오늘 날씨가 어때?	It's rainy today. 오늘은 비가 와.
명암	It's too dark here. 여기는 너무 어두워.	

Pop Quiz

비인칭 주어 it이 들어간 문장에 ✓를 표시하세요.

1 It's 7 o'clock. ☐

2 It's sunny. ☐

3 It's my pen. ☐

4 Is it yours? ☐

5 It's Thursday. ☐

6 What is it? ☐

7 It's 5 kilometers. ☐

8 It is blue. ☐

Fun Practice

A 다음 비인칭 주어 it이 사용된 문장과 그것이 나타내는 것을 연결하세요.

| 시간 | 거리 | 명암 | 날짜 | 요일 | 날씨 |

It is rainy.   It's September 9th.

It's 500 meters from here.   It's so bright here.

It's 2:30.   It's Friday.   It's windy.

B 그림을 보고 문장에 알맞은 주어를 고르세요.

1 There | It | He   is 10km from the bus stop. **1**  **2**

2 It | There | They   is sunny and cloudy.

3 There | It | She   is 5 o'clock. **3**  **4**

4 It | There | We   is July 24.

C 다음 우리말에 알맞은 단어를 〈보기〉에서 골라 문장을 완성하세요.

1 _____ is Saturday today.   오늘은 토요일이야.

2 It is _____.   눈이 오네요.

3 It's getting _____.   점점 어두워지고 있어.

4 _____ my birthday tomorrow.   내일은 내 생일이야.

보기

dark   it's   snowy   it

UNIT 72
도움 요청(부탁)과 제안(청유)

Would you~?, Please는 정중하게 부탁할 때, '~하자'의 청유는 Let's!

🎧 MP3 72 강의 l 예문

 나 혼자서 할 수가 없을 때 우리는 주변 사람들에게 도움을 요청합니다. 길을 잃어버려서 어디로 가야 할지 모를 때도 다른 사람에게 길을 알려 달라고 도움을 청합니다. 이렇게 **도움을 청하거나 부탁을 할 때**는 **공손한 표현**을 사용해야겠죠?

바로 '**Would you~?**'로 시작하거나 명령문에 **please**를 붙여서 표현하면 됩니다. "좀 도와주시겠어요?"는 "Would you help me?"라고 하면 됩니다. 여기다 **please**까지 붙이면 **더 공손한 표현**이 됩니다.

영화를 보러 가고 싶은데 혼자 가기는 싫을 때 친구에게 **같이 가고 제안하는 말**을 하게 됩니다. 이때 많이 쓰는 표현이 '**Let's**'예요. Let's 다음에 **동사원형**이 오면 '**~하자**'라는 말이 됩니다.

■ Would you~? 대신에 Could you~?를 사용해도 공손한 요청이나 부탁이 됩니다.
　예 Could you open the window, (please)? 창문 좀 열어 주시겠어요?

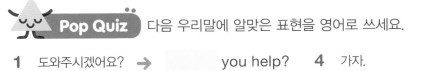 **Pop Quiz** 다음 우리말에 알맞은 표현을 영어로 쓰세요.

1 도와주시겠어요? → ____ you help?

2 낭비하지 말자. → ____ not waste.

3 하나 더 부탁해요. → One more, ____.

4 가자. → ____ go.

5 열어 주시겠어요? → ____ you open?

6 일어나자. → ____ stand up.

150

Fun Practice

A 그림을 보고 각 상황에 맞는 문장을 〈보기〉에서 찾아 기호를 쓰세요.

1
2
3
4

<보기>
a. One more cup, please.
b. Would you help me?
c. Would you open this bottle?
d. Let's play baseball.

B 다음 우리말에 알맞은 표현을 〈보기〉에서 골라 문장을 완성하세요.

1 _____ go shopping.　　　　쇼핑 가자.

2 _____ carry this for me?　　　절 위해 이것 좀 옮겨 주시겠어요?

3 Close the door, _____.　　　　문 좀 닫아주세요.

4 Would you _____ my teacher?　　제 선생님이 되어주실래요?

<보기>
please　　　　be　　　　let's　　　　would you

C 다음 밑줄 친 부분을 바르게 고쳐 문장을 다시 쓰세요.

1 <u>Not let's</u> be late.　　→ --
늦지 말자.

2 Would you <u>turning</u> on the light?　→ --
불 좀 켜주실래요?

3 Let's <u>goes</u> fishing.　　→ --
낚시하러 가자.

4 Would you <u>sits</u> down, please?　→ --
앉아주시겠습니까?

부가의문문

'그런 거지?, 그렇지 않니?'란 뜻의 확인하거나 동의를 구하는 의문문을 만든다.

🎧 MP3 73 강의 | 예문

 어제 남겨둔 케이크 두 조각이 아침에 보니 한 조각밖에 없네요. "어제 케이크가 두 조각 있었는데… 그렇지 않아요?"처럼 상대에게 어떤 내용을 **확인하거나 동의를 구할 때** 부가의문문을 사용해요. 부가라는 말은 앞에 나온 문장에 덧붙인다는 뜻이에요.

부가의문문은 앞에 나온 문장이 **긍정이면 부정으로, 부정이면 긍정으로** 만들고 **주어는 대명사로** 고칩니다. **be동사와 조동사는 그대로 사용**하고 앞문장의 **일반동사는 부가의문문에서는 do동사로** 바뀌어요. **시제는 앞 문장과 동일하게** 가야 해요. 부가의문문의 대답은 앞의 문장과 상관없이 답이 긍정이면 **Yes**, 부정이면 **No**라고 답해야 합니다.

| 긍정문, | + | 동사 + not | + | 주어~? | = | 그렇지 않니? |

be동사/조동사	She is beautiful, isn't she? 그녀는 아름다워, 그렇지 않니?	Yes, she is. 그래, 아름다워. No, she isn't. 아니, 그렇지 않아.
일반동사	Ben has 300 dollars, doesn't he? 벤은 300달러가 있어, 그렇지 않니?	Yes, he does. 그래, 있어. No, he doesn't. 아니, 없어.

| 부정문, | + | 동사 | + | 주어~? | = | 그렇지? |

be동사/조동사	He can't come to our party, can he? 그는 우리 파티에 올 수가 없어요, 그렇죠?	Yes, he can. 아니, 올 수 있어. No, he can't. 그래, 올 수 없어.
일반동사	Paul doesn't like candies, does he? 폴은 사탕을 좋아하지 않아요, 그렇죠?	Yes, he does. 아니, 좋아해. No, he doesn't. 그래, 안 좋아해.

 **Pop Quiz** 다음 문장이 긍정인지 부정인지 쓰고 밑줄 친 주어를 대명사로 고쳐 보세요.

1 <u>Liz</u> looks happy.

2 <u>Ken</u> isn't from China.

3 <u>Sue</u> doesn't like him.

4 <u>Lions</u> don't eat grass.

5 <u>My dog</u> is cute.

6 <u>My students</u> are smart.

Fun Practice

A 다음 네모칸에 들어갈 알맞은 부가의문문을 고르세요.

1 It is so hot, is it | isn't it ?

2 They don't have any money, do they | don't they ?

3 You are from the USA, don't you | aren't you ?

4 My mother can make a cake, can't she | doesn't she ?

1
2
3
4

B 다음 빈칸에 알맞은 부가의문문을 〈보기〉에서 골라 문장을 완성하세요.

1 Cathy isn't a policewoman, _____? 캐시는 경찰이 아니야, 그렇지?

2 They went to the museum, _____? 그들은 박물관에 갔어, 그렇지 않니?

3 We should finish this work, _____? 우리는 이 일을 끝내야 해, 그렇지 않니?

4 He is going to watch the movie, _____? 그는 그 영화를 볼 거야, 그렇지 않니?

> 보기   didn't they   is she   isn't he   shouldn't we

C 다음 문장의 부가의문문을 만들어 보세요.

1 This is bigger than that, _____? 이것은 저것보다 커, 그렇지 않니?

2 You don't remember anything, _____? 너는 아무것도 기억이 안 나는 거지, 그렇지?

3 There was a book on the table, _____? 탁자에 책이 있었어, 그렇지 않니?

4 He can arrive on time, _____? 그는 제 시간에 도착할 수 있어, 그렇지 않니?

문장 성분

문장 속 단어의 역할을 파악한다!

🎧 MP3 74 강의 | 예문

한국어는 문장 내에서 단어의 순서를 바꿔도 의미가 변하지 않아요. "준호는 지연이를 좋아해요."라고 하던지, "지연이를 좋아해요 준호는"이라고 해도 준호가 지연이를 좋아한다는 사실은 변하지 않아요. 하지만 영어는 한국어와 달리 자리가 바뀌면 의미가 달라져요. 왜냐하면, 영어 **문장 속에서 각 낱말은 자기의 역할에 따라 맞는 자리가 정해져** 있기 때문이에요.

이렇게 문장 안에서 일정한 역할을 하는 요소들을 '문장 성분'이라고 해요. 문장 성분에는 '**주어**', '**동사**', '**목적어**', '**보어**' 등이 있어요. '**주어**'는 동작을 하는 주체를 말해요. '**동사**'는 주어가 하는 동작이나 상태를 말하고, '**목적어**'는 동작의 대상을 말해요. '**보어**'는 주어나 목적어의 성질, 상태를 **보충**해서 설명해주는 말이에요. 주어를 보충하면 **주격 보어**, 목적어를 보충하면 **목적격 보어**예요. 이런 문장 성분은 각자 **문장 안에서 정해진 자리**가 있으므로 순서를 지켜서 말해야 합니다.

문장 성분	=	주어 (누가)	동사 (~이다, ~하다)	목적어 (~을)	보어

주어	Julia ate chicken. 줄리아는 치킨을 먹었어.
동사	Julia ate chicken. 줄리아는 치킨을 먹었어.
목적어	Julia ate chicken. 줄리아는 치킨을 먹었어.
보어	Julia was hungry. 줄리아는 배가 고팠어. (주격 보어) Chicken made Julia happy. 치킨은 줄리아를 행복하게 만들었어. (목적격 보어)

■ 대명사는 주어일 때는 주격, 목적어일 때는 목적격으로 문장 성분에 맞게 고쳐 써야 해요.
　She ate chicken. (O)　Her ate chicken. (X) / Chicken made her happy. (O)　Chicken made she happy. (X)

 **Pop Quiz** 다음 문장에서 괄호 안에 주어진 문장 성분을 찾아 ○를 표시하세요.

1 I am a student. (주어)

2 She is a pianist. (동사)

3 I ate chocolate cake. (목적어)

4 My uncle is a doctor. (주격 보어)

5 My mom makes us happy. (목적격 보어)

6 I finished my homework. (동사)

Fun Practice

A 다음 우리말에 알맞은 단어를 골라 빈칸을 완성하고 괄호 안에 문장 성분을 쓰세요.

1 We are _____. 우리는 친구야.　(　　　　　)

2 _____ made her parents happy. 그녀는 부모님을 기쁘게 했어.　(　　　　　)

3 My sister broke _____. 내 여동생이 유리를 깼어.　(　　　　)

4 The movie _____ very interesting. 그 영화는 정말 재미있어.　(　　　　)

보기	friends	she	is	the glass

B 다음 밑줄 친 부분을 문장 성분에 알맞은 대명사로 고쳐 문장을 다시 쓰세요.

1 Sam likes his brother. ➔ --

2 The bicycle is expensive. ➔ --

3 He made his sister sad. ➔ --

4 I helped Julia. ➔ --

C 다음 우리말에 맞게 단어를 재배열해 문장을 완성하세요.

1 is　my pencil　This . 이것은 내 연필이야.

➔ --

2 are　They　fire fighters . 그들은 소방관이야.

➔ --

3 I　a new cap　bought . 나는 새 모자를 샀어.

➔ --

4 made　her　I　angry . 나는 그녀를 화나게 만들었어.

➔ --

문장의 형식

UNIT
75

동사가 문장의 형식을 결정한다!

 영어로 "나는 달린다."는 "I run."입니다. 웃긴 친구가 있다면 "You are funny(너는 웃긴다.)"라고 해요. 어떤 동사(run)는 동사만으로 완전한 문장이 되지만 어떤 동사(be 동사)는 보어가 필요해요. 영어는 **동사에 따라 문장의 형식이 달라**집니다. 영어에는 5가지의 문장 형식이 있어요.

He gave her a box.

1형식은 '주어＋동사'만으로 이뤄져요. 이런 동사를 **자동사**라고 해요. **2형식**은 '주어＋동사＋주격 보어'로 이뤄져요. 주격 보어가 필요한 동사를 '**불완전자동사**'라고 해요. **3형식**은 '주어＋동사＋목적어'로 이뤄지고, 목적어가 필요한 동사를 **타동사**라고 해요. **4형식**은 '주어＋동사＋간접목적어(사람)＋직접목적어(사물)'로 이루어져요. **5형식**은 '주어＋동사＋목적어＋목적격 보어'로 이루어집니다. 부사(구)나 전치사(구)는 아무리 많이 붙어도 문장 형식에 영향을 주지 않아요.

1형식 ＝ 주어 ＋ 동사		I run. 나는 달린다.
2형식 ＝ 주어 ＋ 동사 ＋ 주격 보어		You are funny. 너는 웃겨.
3형식 ＝ 주어 ＋ 동사 ＋ 목적어		I like you. 나는 너를 좋아해.
4형식 ＝ 주어 ＋ 동사 ＋ 간접목적어 ＋ 직접목적어		He gave her a pen. 그는 그녀에게 펜을 하나 줬어.
5형식 ＝ 주어 ＋ 동사 ＋ 목적어 ＋ 목적격 보어		The movie made us sad. 그 영화는 우리를 슬프게 만들었어.

 **Pop Quiz** 다음 문장을 읽고 네모칸에 알맞은 문장 형식과 문장 성분을 쓰세요.

1 She smiles. ___형식 ＝ 주어 ＋ _____

2 My sister is a singer. ___형식 ＝ 주어 ＋ 동사 ＋ _____

3 We heard a noise. ___형식 ＝ 주어 ＋ 동사 ＋ _____

4 Tom gave her a letter. ___형식 ＝ 주어 ＋ 동사 ＋ _____ ＋ _____

5 The news made us sad. ___형식 ＝ 주어 ＋ 동사 ＋ _____ ＋ _____

Fun Practice

A 다음 문장과 알맞은 문장 형식을 연결하세요.

1 My friends and I played soccer. •

2 I ran to school. •

3 My dad gave me a gift. •

4 She made her son surprised. •

• 1형식

• 3형식

• 5형식

• 4형식

B 다음 우리말에 알맞은 단어를 골라 문장을 완성하고 괄호 안에 문장 형식을 쓰세요.

1 I _____ drawings. 나는 그림을 좋아해. (　　　　　)

2 Dogs _____ me happy. 개들은 나를 행복하게 만들어. (　　　　　)

3 The rainbow _____ very beautiful. 무지개는 아름다워. (　　　　　)

4 Tony _____ her a doll. 토니는 그녀에게 인형을 주었어. (　　　　　)

보기	make	gave	like	is

C 다음 단어를 재배열해 문장을 다시 쓰세요.

1 is　　My friend's name　　Sam . 내 친구 이름은 샘이야.

→ ....

2 My brother　　computer games　　played . 우리 오빠는 컴퓨터 게임을 했어.

→ ....

3 cried　　The baby　　a lot . 아기가 많이 울었어.

→ ....

4 I　　him　　sent　　a letter . 나는 그에게 편지를 보냈어.

→ ....

현재완료의 경험

UNIT 76

'~해본 적이 있다'라는 '경험'을 말할 때 현재완료를 쓴다.

 여러분은 어떤 나라를 방문해봤나요? "나는 런던을 방문해본 적이 있어요."라는 말은 영어로 "I have visited London."이라고 해요. 이렇게 영어로 자기가 **경험**한 것에 대해 말할 때 **'현재완료'**를 써서 표현합니다.

현재완료는 **'have/has+과거분사'**로 표현해요. **주어의 인칭**에 따라 **have**나 **has**를 씁니다. 보통 **동사**는 **'동사원형 – 과거형 – 과거분사형'**으로 3단 변화를 하는데 현재완료에선 **'과거분사형'**을 써야 해요. **규칙형 과거분사(-ed)**는 대부분 형태가 과거형(-ed)과 같아요. 하지만 과거형과 모양이 다른 **불규칙형 과거분사**는 외워야 합니다.

동사의 3단 변화 (동사원형-과거형-과거분사형)	문 장
play-played-played	I have played **chess before.** 나는 전에 체스를 둬봤어.
visit-visited-visited	She has visited **London.** 그녀는 런던을 방문해봤어.
see-saw-seen	I have seen **him once.** 나는 그를 한 번 본 적이 있어.
eat-ate-eaten	My brother has eaten **frog's legs.** 내 남동생은 개구리 다리를 먹어봤어.
read-read-read	They have read **the book.** 그들은 그 책을 읽어봤어.

■ '~에 가본 적이 있다'는 'have been to'를, '~를 만난 적이 있다'는 'have met'를 사용해서 표현해요.
  예 I have been to Singapore. 나는 싱가포르에 가 본 적이 있어.

Pop Quiz 다음 동사를 현재완료형으로 만들어 보세요.

1 I play →

2 He sees →

3 We visit →

4 He works →

5 She eats →

6 They read →

7 I meet →

8 She calls →

 **Fun Practice**

A 다음 네모칸의 have나 has 중 알맞은 것을 골라 현재완료 문장을 완성하세요.

1 I ~~have~~ | has read the comics. 나는 그 만화책을 읽은 적이 있어.

2 She have | ~~has~~ eaten the pizza. 그녀는 그 피자를 먹어본 적이 있어.

3 We ~~have~~ | has been to the park. 우리는 그 공원에 가본 적이 있어.

4 My mom have | ~~has~~ worked at the bank. 우리 엄마는 은행에서 일하신 적이 있어.

B 다음 중 알맞은 말을 골라 현재완료 문장을 완성하세요.

1 We have visit | ~~visited~~ the place.
나는 그 곳을 방문한 적이 있어.

2 I have meeted | ~~met~~ the famous actor.
나는 그 유명한 배우를 만난 적이 있어.

3 My uncle has play | ~~played~~ chess.
우리 삼촌은 체스를 둬본 적이 있어.

4 She has ~~seen~~ | saw the picture.
그녀는 그 그림을 본 적이 있어.

1  **2**

3 **4**

C 다음 우리말에 알맞은 단어를 〈보기〉에서 골라 문장을 완성하세요.

1 We have _____ sushi.   우리는 초밥을 먹어본 적이 있어요.

2 She has _____ the musical.   그녀는 그 뮤지컬을 본 적이 있어.

3 My teacher has _____ to Taiwan.   우리 선생님은 대만에 가본 적이 있어.

4 I have _____ basketball.   나는 농구를 해본 적이 있어.

보기			
played	seen	eaten	been

UNIT 77

동명사

동사인데 명사처럼 쓰이는 '동명사'

 춤추는 것은 은영이가 가장 좋아하는 일이에요. 이것을 영어로 어떻게 말할까요? 여기서 '춤추는 것'은 '춤추다'라는 동사를 명사로 고친 것이에요. '동명사'라고 해요.

동명사는 **동사인데 명사 흉내를 내는 것**으로 동사에 **-ing**를 붙여서 만드는데 명사처럼 사용됩니다. 예를 들어 **dance**(춤추다)라는 동사를 동명사로 만들면 **dancing**(춤추기, 춤추는 것)이 되어서 "Dancing is her favorite thing."과 같은 문장을 말할 수 있어요.

문장에서 **주어, 목적어, 보어**가 될 수 있는 것은 **명사와 대명사**뿐이에요. 하지만 **동명사**는 명사 흉내를 내기 때문에 명사와 대명사 대신에 **주어, 목적어, 보어**가 될 수 있답니다.

| 동명사(~하는 것, ~하기) | = | 동사원형 | + | ing |

주어	Playing soccer is my favorite thing. 축구를 하는 것은 내가 가장 좋아하는 거야.
목적어	Do you like watching TV? 너는 TV 보는 것을 좋아하니?
보어	His dream is traveling to Gyeongju during summer vacation. 그의 꿈은 여름방학 동안 경주로 여행가는 거야.

- 동명사는 현재분사와 형태가 똑같고 만드는 방식(32과 참고)도 같아요. **예** coming, lying, swimming
- 동명사가 주어로 오면 3인칭 단수로 취급합니다.
  예 Playing computer games is my favorite thing. (O) Playing computer games are my favorite thing. (X)

Pop Quiz 다음 동사를 동명사 형태로 고쳐 보세요.

1 play →   **4** dance →   **7** tell →

2 sing →   **5** learn →   **8** take →

3 teach →   **6** study →   **9** swim →

Fun Practice

A 다음 빈칸에 들어갈 알맞은 단어를 고르세요.

1 Hiking [make | makes] me happy.

2 They enjoy [bake | baking] on weekends.

3 My hobby is [taking | takes] pictures.

4 Playing board games [are | is] fun.

B 다음 우리말에 알맞은 동명사를 〈보기〉에서 골라 문장을 완성하세요.

1 My dad started _____ Spanish. 우리 아빠는 스페인어를 배우기 시작했어.

2 His dream is _____ to Jeonju during vacation.
그의 꿈은 방학 동안 전주로 여행가는 거야.

3 _____ lies is a bad habit. 거짓말을 하는 것은 나쁜 습관이야.

4 Does she like _____ the piano? 그녀는 피아노 치는 것을 좋아하니?

| 보기 | traveling | telling | learning | playing |

C 다음 우리말과 같은 뜻이 되도록 밑줄 친 부분을 바르게 고쳐 문장을 다시 쓰세요.

1 Swimming <u>are</u> good for your health. → ---
수영하는 것은 네 건강에 좋아.

2 My sister likes <u>study</u> English. → ---
내 여동생은 영어 공부하는 것을 좋아해.

3 <u>Climb</u> trees is very hard. → ---
나무를 오르는 것은 매우 힘들어.

4 Our goal is <u>win</u> the final game. → ---
우리의 목표는 결승전에서 이기는 것이야.

to부정사

UNIT 78

문장에서 명사, 부사, 형용사의 역할을 하는 'to부정사'

 앞에서 동명사를 명사 대신 문장에서 사용할 수 있다는 것을 배웠죠? 오늘 배울 **to부정사**는 동사 앞에 **to를 붙여서** 문장 내에서 **명사, 형용사, 부사**로 사용할 수 있답니다. 하지만 이번 과에서는 명사와 부사로 쓰이는 to부정사만을 알아볼게요.

to부정사가 명사로 쓰일 때는 동명사와 마찬가지로 **주어, 목적어, 보어 역할**을 해요. 이때 go(가다)라는 동사 앞에 to를 붙이면 'to go(가는 것)'가 됩니다. to부정사가 문장 내에서 **부사로 쓰일 때**는 '∼하기 위해, ∼해서'라는 **목적**이나 **감정의 원인**을 나타냅니다. to save money는 '돈을 절약하기 위해'라는 뜻이 되어 동사를 꾸며주는 역할을 해요.

to save money

$$\boxed{\text{to부정사}} = \boxed{\text{to}} + \boxed{\text{동사원형}}$$

명사 역할 (∼하는 것, ∼하기)	To play the drum is fun. (주어) 드럼을 치는 것은 재미있어. She wants to drink some milk. (목적어) 그녀는 우유를 마시기를 원해. My dream is to become an astronaut. (보어) 내 꿈은 우주비행사가 되는 거야.
부사 역할 (∼하기 위해, ∼해서)	She went to the library to read comics. 그녀는 만화를 읽기 위해 도서관에 갔어. I am glad to see you again. 나는 너를 다시 만나서 기뻐.

 **Pop Quiz** 다음 우리말에 맞는 to부정사의 역할을 쓰세요.

1 to become (되기 위해서) →

2 to meet (만나서) →

3 to save (절약하는 것) →

4 to read (읽는 것) →

5 to drink (마시는 것) →

6 to watch (보기 위해서) →

7 to start (시작하는 것) →

8 to visit (방문하기 위해서) →

🐞 Fun Practice

....

A 다음 영어 문장과 뜻이 같은 우리말을 연결하세요.

1 I planned to learn Japanese. •   • 나는 일본어를 배우기로 계획했어.

2 She wants to drink some milk. •   • 그는 너를 만나서 행복해.

3 Her job is to help poor people. •   • 그녀는 우유를 조금 마시기를 원해.

4 He is happy to meet you. •   • 그녀의 직업은 가난한 사람을 돕는 거야.

B 다음 우리말에 알맞은 to부정사를 〈보기〉에서 골라 문장을 완성하세요.

1 Sammy doesn't like _____ pink pants.
새미는 분홍색 바지를 입는 것을 좋아하지 않아.

2 Open the door _____ some fresh air.
신선한 공기를 얻기 위해 문을 열어.

3 I'm going to the supermarket _____ some fruits.
과일을 사기 위해 슈퍼마켓에 가는 중이야.

4 _____ enough water is good for you.
충분한 물을 마시는 것은 너에게 좋아.

보기
to buy
to wear
to get
to drink

C 괄호 안의 동사를 사용하여 우리말에 알맞은 to부정사 문장을 만들어 보세요.

1 She will go to Busan _____ her grandma. (visit)
그녀는 할머니를 방문하기 위해 부산에 갈 거야.

2 _____ to other countries is exciting. (travel)
다른 나라를 여행하는 것은 신나.

3 My goal is _____ a famous singer. (become)
내 목표는 유명한 가수가 되는 거야.

4 Mary went to the playground _____ basketball. (play)
메리는 농구를 하기 위해 놀이터에 갔어.

Review 12

A 다음 네모칸에 들어갈 알맞은 말을 고르세요.

1 I have   meet | met | meets   her once.

2 She has   eat | ate | eaten   the dumpling.

3 My hobby is   play | played | playing   golf.

4   Climb | climbed | climbing   mountains is hard.

5 He wants to   drinking | drinks | drink   some water.

B 다음 문장을 괄호 안의 지시대로 알맞은 형태로 고쳐 보세요.

1 He played tennis. (현재완료)   → He _____ tennis before.

2 They don't have food. (부가의문문)   → They don't have food, _____?

3 I ate Gimbap. (현재완료)   → I _____ Gimbap.

4 My brother can skate. (부가의문문)   → My brother can skate, _____?

C 다음 문장에서 틀린 부분을 바르게 고쳐 문장을 다시 쓰세요.

1 Would you turning off the lamp?   → _____

2 It is too cold, is it?   → _____

3 Not let's be late.   → _____

4 My dad gave a gift me.   → _____

164

D 다음 단어들을 올바른 순서로 배열하여 완전한 문장을 만들어 보세요.

1 these boxes Would you carry ? 이 상자들 좀 운반해 주시겠어요?

➔ --

2 us made My dad delicious pizza . 아빠는 우리에게 맛있는 피자를 만들어 주셨어.

➔ --

E 다음 지문을 읽고 괄호 안의 단어를 알맞은 형태로 고쳐 쓰세요.

1 A: Does he want _____ _____ (learn) English?

B: Yes, he does. He wants _____ _____ (talk) with foreigners.

A: I am glad _____ _____ (hear) that.

2 A: Do you enjoy _____ (read) books?

B: Yes, I do. I also enjoy _____ (watch) movies.

A: Wow. Your hobbies sound fun.

F 다음 질문을 읽고 자신만의 답을 쓰세요.

1 Q: What time is it now?

A: --

2 Q: What's the date today?

A: --

3 Q: How's the weather today?

A: --

🎧 MP3 80 예문

[1-3] 다음 빈칸에 들어갈 알맞은 말을 고르세요.

1 Can I have two _____ of bread?

    a. glass   b. slices

    c. bottles   d. sheets

    e. cup

2 Jenny _____ to church every Sunday.

    a. go not   b. don't go

    c. doesn't goes   d. doesn't go

    e. isn't go

3 Who is _____ than you in your class?

    a. tall   b. taller

    c. more tall   d. more taller

    e. the tallest

[4-6] 다음 밑줄 친 부분이 문법적으로 옳은 문장을 고르세요.

4   a. It <u>rain</u> a lot in winter.

    b. How <u>much</u> pencils do you have?

    c. <u>How</u> a cute puppy!

    d. Can I ask <u>an</u> question?

    e. This movie was really <u>funny</u>.

5   a. You <u>don't</u> must eat this.

    b. Let's meet <u>at</u> 7 o'clock.

    c. They are from the USA, <u>don't they</u>?

    d. Do you like <u>play</u> baseball?

    e. My father is <u>talk</u> to my mother.

6   a. She <u>bought</u> a pink blouse yesterday.

b. <u>Be not</u> late!

c. She is the <u>famousest</u> person in Korea.

d. Turtles move <u>slowing</u>.

e. <u>Is</u> these socks hers?

[7-8] 우리말과 의미가 같도록 괄호 안의 단어를 사용하여 문장을 완성하세요.

7   She _____ Thai food before. (eat)

그녀는 전에 태국 음식을 먹어본 적이 있어.

8   Turn off the light _____ electricity. (save)

전기를 절약하기 위해 불을 꺼라.

[9-10] 다음 빈칸에 공통으로 들어갈 알맞은 말을 고르세요.

9

> • We can ski _____ winter.
> • My uncle lives _____ Japan.

a. to   b. for

c. at   d. from

e. in

10

> • _____ did you finish your homework?
> • I am happy _____ you smile.

a. How   b. What

c. When   d. Which

e. Why

Final test

[11-12] [11-12] 다음 빈칸에 들어갈 수 <u>없는</u> 것을 고르세요.

11 You _____ eat the food in the library.

a. can't   b. may not

c. shouldn't   d. must not

e. aren't

12 There are _____ on the table.

a. an apple   b. three pencils

c. many bananas   d. two ants

e. ten books

[13-14] 다음 빈칸 (A)와 (B)에 들어갈 말이 순서대로 짝지어진 것을 고르세요.

13

| • She didn't go to school ___(A)___ she was sick. |
| • Do you like black ___(B)___ white? |

a. because – but   b. because – or

c. or – and   d. where – or

e. where – and

14

| • My grandma wants to drink ___(A)___ milk. |
| • I don't have ___(B)___ money. |

a. some – some   b. any – any

c. any – some   d. much – many

e. some – any

15 She _____ on weekends.

(games, plays, usually, computer)

16 _____ at the party next week?

(going to, is, sing, Joe, a song)

[17-18] 다음 밑줄 친 부분이 문법적으로 <u>틀린</u> 것을 고르세요.

17 a. Don't <u>fight</u> with your friend.

b. Henry didn't <u>broke</u> the window.

c. <u>Does</u> Sam go to school by car?

d. Why <u>are</u> you late for school?

e. Dancing <u>makes</u> my grandpa happy.

18 a. I like eating <u>potatoes</u>.

b. She drinks too <u>much</u> soda.

d. My sister <u>cried</u> a lot an hour ago.

d. Jackson lives in <u>mexico</u>.

e. The policeman was <u>friendly</u> to me.

[19-20] 우리말에 맞도록 빈칸에 알맞은 말을 쓰세요.

19 My father _____ the living room.

우리 아빠는 거실을 청소하고 있는 중이에요.

20 Mount Everest is _____ in the world.

에베레스트산이 세계에서 가장 높다.

[21-22] 다음 중 밑줄 친 부분의 용법이 다른 것을 고르세요.

21 a. Sammy wants to buy a red pen.
    b. I was happy to meet her again.
    c. May I open the window to get some fresh air?
    d. You should study more to go to college.
    e. Let's go shopping to buy new shoes.

22 a. It's Saturday.
    b. It's too bright.
    c. It's 100 meters from your house.
    d. It's rainy today.
    e. It's not your pencil.

[23-24] 다음 빈칸에 들어갈 알맞은 질문을 고르세요.

23
> A: _____ ?
> B: Yes, I was.

    a. Can you speak English?
    b. Are you going to eat dinner at 7 o'clock?
    c. Were you a math teacher?
    d. Is she going home?
    e. Do you like carrots?

24
> A: _____ ?
> B: It's next to the chair.

    a. What is it?
    b. Where is my book?
    c. Why do you like that chair?
    d. Where are you going?
    e. Are they on the table?

[25-26] 다음 질문에 알맞은 답을 고르세요.

25

What does she usually do on Mondays?

a. She usually goes to the swimming pool.
b. Yes, she plays basketball.
c. No, she doesn't.
d. She is baking a cake.
e. She watched TV.

26

How often do you eat pizza?

a. Yes, I like pizza very much.
b. I sometimes eat pizza.
c. No, I don't like pizza.
d. Let's eat some pizza together.
e. I ate pizza last night.

[27-31] 다음 문장을 괄호 안의 지시대로 바꿔 써 보세요.

27 Jeremy will call her soon. (의문문)

➔ _____

28 My father gave me a present. (부정문)

➔ _____

29 I listen to music. (미래형)

➔ _____

30 She reads the book. (현재완료)

➔ _____

31 My sister drops the cup. (과거)

➔ _____

정답

UNIT 01 단어, 구, 문장   p.008

● Pop Quiz

○ – kangaroo, bed, violin

□ – a blue T-shirt, my favorite subject, play the piano, like a tiger

◇ – This is my brother., He can run fast.

> **해설** 단어가 모이면 구, 구와 단어가 함께 모이면 문장이 됩니다. 문장에는 주어와 동사가 있어야 해요.

● Fun Practice

A 1 What/ time/ do/ you/ get/ up?
   2 There/ is/ a/ cat/ under/ the/ table.
   3 My/ hobby/ is/ playing/ computer/ games.
   4 You/ look/ beautiful/ today.

B 1 구
   2 단어
   3 구
   4 문장

C 1 blue T-shirt
   2 My favorite color
   3 dinner
   4 your cup

UNIT 02 영어의 품사   p.010

● Pop Quiz

1 동사
2 전치사
3 형용사
4 감탄사
5 명사
6 대명사
7 접속사
8 명사
9 부사

● Fun Practice

A 전치사 – of, for
   대명사 – she, they, it ,you
   형용사 – pretty, blue, kind
   접속사 – and, but

B 1 bedroom
   2 play
   3 Oh
   4 heavy

> **해설** heavy는 '무거운'이라는 형용사로, 가방을 좀 더 자세히 설명해 줍니다.

C 1 soccer
   2 and
   3 have
   4 sleepy

> **해설** play soccer는 '축구를 하다'는 뜻이에요.

> **해석** 1 벤은 축구를 하고 있어.
>   2 그녀는 사과 하나와 바나나 하나를 원해.
>   3 너는 선글라스 있니?
>   4 너는 졸리니?

UNIT 03 문장의 종류 p.012

● Pop Quiz

1 의문문
2 평서문
3 부정문
4 감탄문
5 명령문

> **해설** 경찰관은 영어로 police officer라고 해요. 친절한 경찰관을 보고 감탄했을 때 할 수 있는 말이 What a kind police officer!입니다.

> **해석** **1** 그녀는 경찰관이니?
> **2** 그녀는 경찰관이야.
> **3** 그녀는 경찰관이 아니야.
> **4** 정말 친절한 경찰관이야!
> **5** 경찰관이 되어라.

● Fun Practice

A **1** 의문문
2 부정문
3 평서문
4 의문문

B 명령문 – Listen carefully.(잘 들어봐.) / Have a seat.(자리에 앉아.)

감탄문 – How cute the dog is!(정말 귀여운 개구나!) / What a delicious food!(정말 맛있는 음식이야!)

C **1** goes
2 Do
3 not
4 Be

> **해설** '학교에 간다'는 말은 go to school이에요. 버

스를 타고 가면 by bus, 자동차를 타고 가면 by car를 씁니다.

UNIT 04 Review 1 p.014

A **1** 단어, 구
2 구, 구
3 문장
4 단어, 단어

> **해석** **1** 네가 가장 좋아하는 음식은 뭐야?
> **2** 나는 일요일에 농구를 하는 것을 좋아해.
> **3** 그녀는 우리 엄마야.
> **4** 나는 할머니를 뵈러 갈 거야.

B **1** 대명사, 전치사
2 형용사, 접속사
3 동사, 명사
4 감탄사, 부사

> **해설** at 9 o'clock은 '9시에'라는 뜻이에요. '~시에' 라는 표현을 하고 싶을 땐 시간을 나타내는 숫자 앞에 전치사 at를 쓰면 됩니다.

> **해석** **1** 그는 9시에 저녁을 먹어.
> **2** 나는 큰 가방과 검은 고양이를 볼 수 있어.
> **3** 우리 아빠가 로봇을 사신다.
> **4** 오! 그 치타가 아주 빠르네.

C **1** 감탄문
2 의문문
3 부정문
4 의문문
5 명령문

> **해석** **1** 정말 멋진 날이야!
> **2** 나 좀 도와줄래?
> **3** 그는 양파를 좋아하지 않아.

4 그녀는 12시에 점심을 먹니?

5 도서관에서는 조용히 해주세요.

D 1 my favorite color

2 play the piano

3 She goes to bed at 10 o'clock.

4 I can dance like a bee.

해석 **1** 내가 가장 좋아하는 색깔

2 피아노를 치다

3 그녀는 10시에 잠자러 가.

4 나는 벌처럼 춤출 수 있어.

E 1 명사, 형용사, 부사, 동사

2 감탄사, 대명사, 명사, 동사

해석 **1** 나는 고양이 한 마리가 있어. 그 고양이 이름은 몰리야. 몰리는 귀엽고 예뻐. 몰리는 아주 높이 뛰어오를 수 있어. 나는 몰리를 아주 많이 좋아해.

2 A: 어, 비가 오네. 너 우산 있니?

B: 응, 있어. 같이 가자.

F A. 감탄문, 명령문

B. 부정문, 의문문

A. 평서문

해석 A: 정말 맛있는 샐러드다! 샐러드 좀 먹어봐.

B: 난 샐러드 안 좋아해. 넌 샐러드가 좋아?

A: 응, 좋아.

UNIT 05 명사 I p.016

● Pop Quiz

1 O

2 O

3 X

4 O

5 X

6 O

7 X

8 O

9 O

● Fun Practice

A 보통명사 – book, table, dog, brother, bathroom, computer, sister, pencil

집합명사 – family, class, team, group, police, people

B 1 book, 보통명사, 책

2 group, 집합명사, 그룹/집단

3 dog, 보통명사, 개

4 family, 집합명사, 가족

해석 **1** 이것은 책이야.

2 그 그룹은 작아.

3 그녀는 그 개를 사랑해.

4 우리 가족은 모두 키가 커.

C 1 brothers

2 team

3 bathroom

4 table

해설 brother의 경우 남자 형제를 말하므로, 형이나 오빠, 남동생을 모두 brother라고 부를 수 있어요. 반면에 누나나 언니, 여동생의 경우는 sister라고 해요.

UNIT 06 명사 II p.018

● Pop Quiz

1 S

2 P

3 S

4 P

5 P

6 S

7 S

8 P

9 S

> **해설** child(아이 한 명)와 mouse(쥐 한 마리)는 하나에서 여럿이 될 때 형태가 완전히 달라져요. 아이들 여러 명은 children으로, 생쥐 여러 마리는 mice로 씁니다.

● Fun Practice

A **1** lions

2 notebooks

3 babies

4 teeth

5 tomatoes

6 buses

7 apples

8 children

> **해설** 단어 끝이 s, x, o로 끝나면 복수명사가 될 때 -es를 붙이고 y로 끝나면 y를 i로 고치고 -es를 붙입니다.

B **1** a candy

2 two potatoes

3 many fish

4 a sheep

C **1** eyes

2 feet

3 candies

4 boxes

UNIT 07 명사 III p.020

● Pop Quiz

1 C

2 U

3 U

4 U

5 U

6 C

7 U

8 C

9 C

● Fun Practice

A 셀 수 있는 명사 – lion, eye, baby, knife, fish
셀 수 없는 명사 – New York, peace, water, love, cheese, sugar, music

B **1** New York

2 Jackson

3 France

4 January

C **1** water

2 music

3 January

4 cheese

UNIT 08 물질명사를 세는 단위 p.022

● Pop Quiz

1 X

2 O

3 O

4 X

5 O

6 O

7 X

8 O

● Fun Practice

A **1** a cup of tea

2 a glass of milk

3 two pieces of bread

4 a sheet of paper

B 1 glasses
2 bottle
3 sheets
4 slices

C 1 a cup of
2 a glass of
3 three bottles of
4 two sheets of

UNIT 09 Review 2 p.024

A 1 glass
2 sheets
3 bottle
4 slice
5 cup

해석 1 주스 한 잔 좀 주세요.
2 그는 종이 두 장이 필요해.
3 그녀는 물 한 병을 사고 있니?
4 엄마가 치즈를 한 조각 자르고 계셔.
5 너는 핫초콜릿 한 잔 만들 수 있니?

B 1 cucumbers
2 a cup
3 candies
4 a box

해석 1 그것은 오이야. → 그것들은 오이야.
2 그것들은 컵이야. → 그건 컵이야.
3 그건 사탕이야. → 그것들은 사탕이야.
4 그것들은 상자야. → 그건 상자야.

C 1 It's a tiger.
2 I live in New York.
3 This is a sheep.

4 My brother's name is Tom.

해석 1 그건 호랑이야.
2 나는 뉴욕에 살아.
3 이것은 물고기야.
4 우리 형 이름은 톰이야.

D 1 I have an eraser.
2 He is buying a piece of bread.
3 She has three brothers.

E 1 zebras, bears, lion
2 Julia, Sam, Singapore, Mexico

해석 1 이곳은 동물원이야. 얼룩말 두 마리가 뛰어
다니고 있어. 곰 세 마리는 장난을 치고 있
어. 사자 한 마리가 식사를 하고 있어. 나는
그것들이 좋아.
2 A: 안녕! 내 이름은 줄리아야.
B: 난 샘이야. 나는 싱가포르에서 왔어. 넌
어디서 왔니?
A: 난 멕시코에서 왔어.

F 1 (예문) I'm Jinsoo. / My name is Jinsoo.
2 (예문) I'm from Korea.

해석 1 Q: 네 이름은 뭐니?
A: 난 진수야. / 내 이름은 진수야.
2 Q: 넌 어디서 왔니?
A: 난 한국에서 왔어.

UNIT 10 인칭대명사(주격, 목적격) p.026

● **Pop Quiz**

1 he, him
2 you, you
3 we, us
4 I, me
5 she, her
6 they, them

해설 주격은 주어로 쓰이는 인칭대명사를 가리키고, 목

적격은 목적어로 쓰이는 인칭대명사를 가리켜요.

● Fun Practice

A 1 I
2 her
3 them
4 He

B He, She, She

> 해석 이쪽은 우리 가족이에요.
> 아빠는 선생님이에요. 그는 매우 친절해요.
> 엄마는 작가랍니다. 그녀는 아주 똑똑해요.
> 누나는 경찰이에요. 그녀는 아주 용감해요.
> 나는 우리 가족을 사랑해요.

C 1 I
2 you
3 He
4 We

UNIT 11 소유격/소유대명사 p.028

● Pop Quiz

1 my, mine
2 your, yours
3 her, hers
4 our, ours
5 their, theirs
6 his, his

> 해설 소유격과 소유대명사는 1인칭 I는 my/mine, 3인칭 'he'는 his/his. 그리고 나머지는 소유격에 -s만 붙이면 소유대명사가 됩니다.

● Fun Practice

A 1 my
2 her

3 our
4 your
5 his
6 their

B 1 yours, 너의 것
2 hers, 그녀의 것
3 theirs, 그들의 것
4 his, 그의 것
5 ours, 우리의 것
6 yours, 너희의 것

C 1 mine
2 hers
3 His
4 ours

UNIT 12 지시대명사 p.030

● Pop Quiz

1 these
2 that
3 those

● Fun Practice

A 1 That
2 This
3 This
4 That
5 Those
6 These

B 1 these
2 that
3 They
4 This

해설 지시대명사 these는 '이것들, 이 사람들', they 는 '그것들'이라는 뜻으로 앞에 나왔던 것을 다시 가리 킬 때 씁니다.

UNIT 13 부정관사 p.032

● **Pop Quiz** ·······························

a와 함께 쓰이는 단어 – banana, cook, man, raincoat, question

an과 함께 쓰이는 단어 – orange, eraser, actor, umbrella, hour

● **Fun Practice** ·························

A 1 a
  2 X
  3 an
  4 X
  5 an
  6 X

해설 hospital은 h 소리가 그대로 나기 때문에 a hospital로 쓰며 men은 man의 복수형으로 부정관사 가 필요 없습니다.

B 1 X
  2 an
  3 a
  4 a

해석 1 탁자 위에 오렌지들이 있어.
     2 너 우산 가지고 있니?
     3 난 비옷을 살 거야.
     4 아빠는 병원에서 일하셔.

C 1 a cook
  2 a question
  3 an egg
  4 an eraser

UNIT 14 정관사 p.034

● **Pop Quiz** ·······························

the가 필요한 명사 – sun, moon, sky, piano, violin, earth

the가 필요 없는 명사 – lunch, baseball, breakfast, bus

A 1 X
  2 the
  3 the
  4 X
  5 X
  6 X

B 1 The
  2 The
  3 X
  4 the

해석 1 나는 개가 한 마리 있어. 그 개는 아주 귀여워.
     2 지구는 둥글어.
     3 나는 매일 점심을 먹어.
     4 너는 피아노를 칠 수 있니?

C 1 the zoo
  2 The candy
  3 the door
  4 the guitar

해설 서로가 알고 있는 것을 가리킬 때는 정관사 the를 씁니다. 문장에서 첫 글자는 언제나 대문자로 시 작합니다.

UNIT 15 Review 3 p.036

A 1 The
  2 X
  3 an
  4 a

해설 부정관사 the는 앞에서 나온 것(a cat)을 다시 가리키며 말할 때 쓸 수 있어요. 보통 식사 앞에는 붙지 않아요. '한 개'라는 의미의 a/an은 단수명사와 쓰입니다.

해석 1 그는 고양이가 있어. 그 고양이는 흰 색이야.
2 나는 아침을 먹어.
3 너는 오렌지를 하나 가지고 있니?
4 나는 조종사가 되고 싶어.

B 1 This
2 That
3 Those

해석 1 저것은 의자야. → 이것은 의자야.
2 이 아이는 내 친구야. → 저 아이는 내 친구야.
3 이분들은 우리 이모들이셔. → 저분들은 우리 이모들이셔.

C 1 I can play the trumpet.
2 They like to play soccer.
3 The textbook is hers.
4 I meet them.

해설 악기 앞에는 정관사 the가 오지만 운동경기 앞에는 the가 오지 않아요. '그녀를'이라는 3인칭 대명사 she의 목적격은 her이며, '그녀의 것'이라는 소유대명사는 hers입니다.

해석 1 나는 트럼펫을 연주할 수 있어.
2 그들은 축구하는 걸 좋아해.
3 그 교과서는 그녀의 것이야.
4 나는 그들을 만나.

D 1 This is his computer.
2 Her favorite class is P.E.

E 1 He, She, He
2 They, They

해설 앞에 한 번 나온 것을 다시 가리킬 때는 단수이면 it, 복수이면 they를 쓰면 됩니다.

해석 1 우리 아빠는 소방관이에요. 그는 용감해요. 우리 엄마는 의사예요. 그녀는 아주 친절해요. 오빠는 가수예요. 그는 다정해요. 나는 그들을 사랑해요.
2 A: 이것들은 뭐니?
B: 그것들은 기린이야.
A: 저것들은 뭐야?
B: 그것들은 코끼리야.

F 1 A: 지시대명사, 소유대명사
B: 지시대명사, 소유대명사
2 A: 부정관사, 정관사

해석 1 A: 탁자 위에 가방이 하나 있네. 이거 네 거니?
B: 아 맞아. 그거 내 거야.
2 A: 난 토끼 한 마리가 있어. 그 토끼는 정말 귀여워.
B: 그거 보고 싶다.

UNIT 16 be동사   p.038

● **Pop Quiz**

1 am
2 is
3 are
4 is
5 are
6 is
7 are
8 is

해설 you는 단수, 복수 모두 뒤에 동사 are가 옵니다.

● **Fun Practice**

A 1 is
2 are
3 are
4 is

B 1 are
   2 is
   3 am
   4 is

   해석 1 그들은 도서관에 있어.
        2 그건 내 거야.
        3 나는 톰이야.
        4 그 나비는 아주 예뻐.

C 1 This is my sister.
   2 The movie is funny.
   3 She is my best friend.
   4 We are hungry now.

   해석 1 이 아이는 내 여동생이야.
        2 그 영화는 재미있어.
        3 그녀는 내 가장 친한 친구야.
        4 우리는 지금 배가 고파요.

UNIT 17 be동사의 부정문 p.040

● Pop Quiz

   1 am not
   2 are not
   3 is not
   4 is not
   5 is not
   6 are not
   7 are not
   8 are not

● Fun Practice

A 1 am not
   2 are not
   3 are not
   4 is not

B 1 aren't
   2 not
   3 isn't
   4 not

C 1 I am not very busy.
   2 Kelly is not happy.
   3 It is not heavy.
   4 They are not Americans.

   해석 1 나는 매우 바쁜 건 아니야.
        2 켈리는 행복하지 않아.
        3 그건 안 무거워.
        4 그들은 미국인이 아니야.

UNIT 18 be동사의 의문문 p.042

● Pop Quiz

   1 Am I
   2 Are you
   3 Is he
   4 Is she
   5 Is it
   6 Are we
   7 Are you
   8 Are they

● Fun Practice

A 1 Is she
   2 Are you
   3 Is this
   4 Is your friend

   해설 this(이것/이 사람)와 that(저것/저 사람)은 he,
   she, it처럼 3인칭에 속해요. 그래서 3인칭 단수동사인
   is가 옵니다. your friend(너의 친구)도 나도 너도 아닌
   제 3의 다른 사람이니까, 3인칭 단수동사 is를 씁니다.

B 1 I am
  2 he is
  3 it isn't
  4 they aren't

  해설 the movie(그 영화)는 다른 말로 하면 '그것(it)' 으로 표현할 수 있겠죠? 그래서 '그 영화 지루하니?'라 고 물었을 때 No라는 답과 함께 오는 말은 it isn't가 됩니다.

  해석 1 너는 행복하니? 응, 그래.
      2 켄은 힘이 세니? 응, 그래.
      3 그 영화 지루하니? 아니, 그렇지 않아.
      4 이것들은 네 거니? 아니야, 그렇지 않아.

C 1 Am I too tall?
  2 Is he handsome?
  3 Are you kind?
  4 Are they sea animals?

  해석 1 내가 키가 너무 크니?
      2 그는 잘생겼니?
      3 너는 친절하니?
      4 그것들은 해양생물이니?

UNIT 19 There is ~ / There are ~ p.044

● Pop Quiz

  1 There is
  2 There are
  3 There are
  4 There is

● Fun Practice

  A There is와 연결되는 말 – a coffee shop, a glass of water, an umbrella
    There are와 연결되는 말 – two apples, three tomatoes, many people

B 1 There isn't
  2 There is
  3 Is there
  4 There are

C 1 There are many flowers in the garden.
  2 Is there an orange on the desk?
  3 There aren't many tomatoes.
  4 There is a dog in the box.

  해설 'There is＋단수명사', 'There are＋복수명사' 를 기억하세요. There is/are의 부정형은 뒤에 not을 붙여 There is not 또는 There are not으로 쓸 수 있 어요. 줄여서 There isn't/ There aren't로도 씁니다.

UNIT 20 일반동사의 현재형 p.046

● Pop Quiz

  1 X
  2 O
  3 O
  4 O
  5 O
  6 X
  7 X
  8 X
  9 O

● Fun Practice

  A 1 want
    2 eat
    3 go
    4 loves
    5 has
    6 like
    7 runs
    8 studies

해설 주어가 3인칭 단수일 경우 일반동사의 현재형은 일반적으로 -s를 붙입니다. 그런데 have는 3인칭 단수 뒤에서 has로 바뀌어요. study처럼 '자음+y'로 끝나는 동사는 y를 i로 고치고 -es를 붙입니다.

B 1 eats
2 goes
3 have
4 wear

해설 o, ch, sh로 끝나는 일반동사는 3인칭 단수 뒤에 올 때, 동사원형에 -es를 붙입니다.

C 1 She studies English every day.
2 I love my brother.
3 They want ham sandwiches.
4 It lives in a mountain.

UNIT 21 일반동사의 부정문 p.048

● **Pop Quiz**

1 does not talk / doesn't talk
2 do not sleep / don't sleep
3 do not wear / don't wear
4 do not go / don't go
5 does not have / doesn't have
6 does not live / doesn't live
7 does not study / doesn't study
8 do not love / don't love

● **Fun Practice**

A 1 doesn't
2 don't
3 don't
4 doesn't

해석 1 그는 레몬을 팔지 않아.
2 나는 일요일에 교회에 가지 않아.

3 너는 휴대폰이 없어.
4 그녀는 안경을 쓰지 않아.

B 1 don't like
2 don't eat
3 doesn't have
4 don't want

해설 일반동사의 부정문은 'don't/doesn't+동사원형' 형태를 씁니다. don't는 주어가 1, 2인칭일 때와 3인칭 복수일 때 쓰고, doesn't는 주어가 3인칭 단수일 때 씁니다.

C 1 We don't watch TV at night.
2 She doesn't want a pink dress.
3 They don't wear gloves.
4 My brother doesn't study math.

해설 일반동사의 부정문을 만들 때 don't/doesn't 뒤에 오는 일반동사는 인칭에 상관없이 동사원형을 쓴다는 점 기억해 두세요.

UNIT 22 일반동사의 의문문 p.050

● **Pop Quiz**

1 Do I eat ~?
2 Do we wear ~?
3 Does he go ~?
4 Do you have ~?
5 Does Sam love ~?
6 Does it sleep ~?

● **Fun Practice**

A 1 Do
2 Does
3 Does
4 Does

해석 1 너는 야채를 좋아하니?

2 그는 방과후에 TV를 보니?

3 그녀는 빨간 드레스를 원하니?

4 켄은 검정 펜을 가지고 있니?

B **1** Yes, I do

2 Yes, he does.

3 No, they don't.

4 No, she doesn't.

해설 Does his friend like pizza?는 친구가 남자인지 여자인지에 따라 No, she doesn't.와 Yes, he does. 둘 다 답이 될 수 있어요. 그런데 2번 Scott이 남자니까 4번의 정답은 No, she doesn't가 됩니다.

C **1** Does your dad go to work by car?

2 Does Daniel love you?

3 Does she have a pink cup?

4 Do they eat hotdogs every day?

해설 일반동사의 의문문은 'Do/Does+주어+동사원형~?'으로 씁니다.

UNIT 23 Review 4 p.052

A **1** is

2 are

3 Does

4 isn't

5 eats

해설 'There is+단수명사', 'There are+복수명사'를 기억하세요. 4번은 "그것은 내 재킷이 아니야"라는 의미가 되어야 합니다. 따라서 be동사를 씁니다.

해석 **1** 네 여동생은 매우 배가 고파.
2 교실에 학생이 세 명 있어.
3 그녀는 버스로 학교에 가니?
4 그건 내 재킷이 아니야.
5 앤은 7시에 아침을 먹어.

B **1** does not like / doesn't like

2 Are you

3 There is not / There isn't

4 Does he want

해설 be동사와 There is/There are~ 문장의 부정문은 뒤에 not을 붙여요. 일반동사의 부정문은 'do/does+not+동사원형'을 씁니다.

해석 **1** 그의 누나는 야채를 좋아해. → 그의 누나는 야채를 좋아하지 않아.
2 당신은 수학 선생님이군요. → 당신은 수학 선생님이세요?
3 내 방엔 등이 하나 있어. → 내 방엔 등이 없어.
4 그는 로봇을 원해. → 그는 로봇을 원하니?

C **1** She studies English every day.

2 Are there many people in the bank?

3 We aren't singers.

4 Does she go to school at 8 o'clock?

해석 **1** 그녀는 매일 영어를 공부해.
2 그 은행에 사람이 많이 있니?
3 우리는 가수가 아니야.
4 그녀는 8시에 학교에 가니?

D **1** Do you live in an apartment?

2 He doesn't wake up early.

E **1** are, am, is

2 Does, doesn't, goes

해석 **1** 우리 가족은 네 명이에요. 아빠, 엄마, 남동생, 내가 있죠. 나는 열 살이에요. 남동생은 일곱 살이에요.
2 A: 그는 매일 10시에 자러 가니?
B: 아니, 그렇지 않아. 그는 12시가 돼야 자러 가.
A: 우와. 너무 늦다!

F **1** (예문) Yes, I do. / No, I don't.

2 (예문) Yes, they do. / No, they don't.

3 (예문) Yes, he is. / No, he isn't.

해석 **1** Q: 너는 피자 좋아하니?
A: 응, 좋아해./ 아니, 안 좋아해.
2 Q: 그들은 점심 먹고 이를 닦니?

A: 응, 그래./ 아니, 그렇지 않아.
3 Q: 네 남동생은 학생이니?
    A: 맞아, 학생이야./ 아니, 학생이 아니야.

can은 모양이 바뀌지 않아요. 그리고 can 뒤에 오는 동사는 항상 변함없이 원래 모습 그대로, '동사원형'이 옵니다.

UNIT 24 조동사 can   p.054

● **Pop Quiz**

1 can
2 can
3 can
4 can
5 can
6 can
7 can
8 can

● **Fun Practice**

A 1 skate, 스케이트 타는 그림
  2 play, 기타를 치는 그림
  3 drive, 트럭이 달리는 그림
  4 ride, 자전거를 타는 그림

  해석 1 내 친구는 스케이트를 탈 수 있어.
       2 나는 기타를 칠 수 있어.
       3 그들은 트럭을 운전할 수 있어.
       4 그녀는 자전거를 탈 수 있어.

B 1 can climb
  2 can speak
  3 can open
  4 can go

C 1 I can cook pasta.
  2 She can swim in the sea.
  3 My mother can drive a car.
  4 You can use my computer.

  해석 주어의 인칭과 단수 복수에 상관없이 조동사

UNIT 25 조동사 may   p.056

● **Pop Quiz**

1 may
2 may
3 may
4 may
5 may
6 may
7 may
8 may

● **Fun Practice**

A 1 rain, 비오고 우산이 있는 그림
  2 watch, TV를 보는 그림
  3 leave, 방문을 여는 그림
  4 sleep, 소년들이 잠자는 그림

  해석 may 조동사 뒤에 오는 동사는 주어의 인칭에 상관없이 동사원형을 씁니다.

  해석 1 오늘 비가 올지도 몰라.
       2 TV를 봐도 됩니다.
       3 그녀는 방에서 나가도 돼요.
       4 그들은 여기서 자도 됩니다.

B 1 may be
  2 may come
  3 may win
  4 may use

C 1 It may snow soon.
  2 You may go out.
  3 His sister may lose the umbrella.
  4 They may come early.

UNIT 26 조동사 can & may의 부정문 p.058

● Pop Quiz

1 cannot swim

2 may not come

3 cannot run, may not run

4 cannot be late, may not be late

5 cannot help

6 may not rain

> **해설** cannot과 may not은 둘 다 '~하면 안 된다'는 뜻이 있어요. 한편으로 cannot은 능력과 관련해 '~할 수 없다, 못한다'는 의미가 있고, may not는 '~이 아닐지도 모른다, ~을 못할지도 모른다'는 추측의 의미가 있어요.

● Fun Practice

A 1 그녀는 탁자 위에 앉으면 안 돼.

2 조는 시험에 통과 못할지도 몰라.

3 개들은 나무를 오를 수 없어.

4 너는 그 경기에 이기지 못할지 몰라.

B 1 fix

2 snow

3 ski

4 run

> **해석** 1 그들은 로봇을 고칠 수 없어.
> 2 눈이 오지 않을지도 몰라.
> 3 루시는 스키를 탈 수 없어.
> 4 도서관에서 뛰면 안 돼요.

C 1 She can't drive a truck.

2 They may not come early.

3 He may not watch TV.

4 Ken can not eat food here.

> **해석** 1 그녀는 트럭을 운전할 수 없어.
> 2 그들은 일찍 오지 않을지도 몰라.
> 3 그는 TV를 보면 안 돼.
> 4 켄은 여기서 음식을 먹으면 안 돼.

> **해설** 조동사 can과 may의 부정문은 can/may 바로 뒤에 not을 붙여 만들어요. can not(cannot, can't), may not의 형태로 씁니다. not 뒤에 오는 동사는 원형동사가 와요.

UNIT 27 조동사 can & may의 의문문 p.060

● Pop Quiz

1 speak

2 sit

3 come

4 take

5 play

6 use

7 ride

8 drink

● Fun Practice

A 1 ③

2 ①

3 ②

> **해석** ① 주문 받아도 될까요?
> ② 너는 드럼을 연주할 수 있니?
> ③ 창문 좀 열어줄래요?

B 1 No, I can't.

2 Yes, you can

3 Yes, you may.

4 No, he can't.

> **해설** Can I ~ 또는 May I ~라는 질문에 대답할 때 주어는 you(너)'가 되고 질문과 똑같은 조동사를 써야 해요. 그러니까 'Can I~?'는 "Yes, you can/ No, you can't."로, 'May I~?'는 "Yes, you may./ No, you may not."처럼 답해야 해요.

C 1 Can you ride a bike?

2 Can she sit here?

3 May I use your laptop?

4 May I drink some water?

UNIT 28 조동사 must & should p.062

● Pop Quiz

1 keep

2 be

3 park

4 see

5 save

6 brush

● Fun Practice

A 1 너는 꼭 이를 닦아야 해.

2 그녀는 과일을 더 먹는 게 좋겠어.

3 그들은 부자인 게 틀림없어.

4 존은 지금 집에 가야 해.

B 1 must

2 have to

3 should

4 has to

해설 must는 have to로 바꿔 쓸 수 있어요. 단 must와 should는 주어의 인칭에 따라 형태의 변화가 없지만, have to는 주어가 3인칭 단수명사일 경우 has to로 씁니다.

C 1 He must keep the rule.

2 They should save energy.

3 You must be very tired.

4 We have to wash our hands.

해설 조동사는 be동사나 일반동사 앞에 와서 뒤에 오는 동사의 의미를 더 분명하게 해줘요. 조동사 뒤에는 언제나 동사원형을 씁니다.

UNIT 29 조동사 must & should의 부정문, 의문문 p.064

● Pop Quiz

1 I must not

2 You must not

3 He should not

4 Should I

5 They must not

6 Should she

● Fun Practice

A 1 스캇은 절대로 친구들과 싸우면 안 돼.

2 여러분은 학교에 지각하면 안 돼요.

3 캐리가 이 책을 읽어야 하나요?

4 그들은 숙제를 끝내는 게 좋겠어.

B 1 You must not eat the fast food.

2 She should not spend much money.

3 Should he watch this film?

4 We must not tell lies.

해석 **1** 너는 패스트푸드를 먹어선 안 돼.

2 그녀는 돈을 많이 쓰지 않는 게 좋겠어.

3 그가 이 영화를 봐야 할까?

4 우리는 절대로 거짓말을 하면 안 돼.

C 1 We should not be late for the lesson.

2 Should I eat all this?

3 She should not waste energy.

4 They must not smoke here.

UNIT 30 Review 5 p.066

A 1 may

2 must

3 Can

4 should

5 may

> **해설** '～해줄래요?'라고 도움을 청할 때 쓸 수 있는 조동사는 can이에요. should는 의문문에서 '～해야 하나요?'라는 뜻으로, '의무적으로' 그 일을 해야 하는지 물어볼 때 쓸 수 있어요.

B **1** Should we
   2 may not
   3 Can my mother
   4 must not

> **해석** **1** 우리는 다른 사람들을 돕는 게 좋겠어.
> → 우리가 다른 사람들을 도와야 할까?
> **2** 그녀는 우리 집에서 머물지도 몰라.
> → 그녀는 우리 집에서 머물지 않을지도 몰라.
> **3** 우리 엄마는 플루트를 연주하실 수 있어.
> → 우리 엄마가 플루트를 연주하실 수 있어요?
> **4** 당신은 박물관에서 꼭 뛰어야 합니다.
> → 당신은 박물관에서 뛰면 안 됩니다.

C **1** You must not fight with your sister.
   2 Should Tom wash his hands?
   3 They can not eat the food there.
   4 Can she watch this with us?

> **해석** **1** 너는 여동생이랑 싸우면 안 돼.
> **2** 톰이 손을 씻어야 해요?
> **3** 그들은 거기서 음식을 먹으면 안 돼.
> **4** 그녀가 우리랑 같이 이것을 봐도 돼요?

D **1** She must be tired.
   2 Liz may be late for school today.

> **해설** 평서문에서 조동사가 있는 문장의 순서는 '주어+조동사+be동사/일반동사'가 됩니다.

E **1** Can you, can't/cannot/can not, Can you
   2 must not/ mustn't, should not/ shouldn't

> **해석** **1** A: 너는 피아노를 칠 수 있니?

B: 아니, 못 쳐. 너는 피아노를 칠 수 있어?
   A: 응, 칠 수 있어.
   2 이 도서관에서는 두 가지 규칙이 있어요. 첫째는 여러분들이 친구들과 싸우면 안 된다는 거예요. 둘째는 이곳에서는 음식물을 먹으면 안 돼요.

F **1** (예문) Yes, I can. / No, I can't.
   2 (예문) Yes, you can. / No, you can't.
   3 (예문) Yes, we should. / No, we shouldn't.

> **해석** **1** Q: 너 수영할 줄 알아?
> A: 응, 할 줄 알아./ 아니, 못해.
> **2** Q: 제가 영화관에서 음식 먹어도 돼요?
> A: 그래, 먹어도 돼./ 아니, 못 먹어.
> **3** Q: 우리가 에너지를 절약해야 해요?
> A: 그래, 절약해야지./ 아니, 안 하는 게 좋아.

UNIT 31 동사의 현재형 　　p.068

● **Pop Quiz**

   1 walk
   2 lives
   3 are
   4 win
   5 sings
   6 are

> **해설** My sister and I는 '누나와 나' 즉, 두 사람이므로 복수형 be동사 are 옵니다.

● **Fun Practice**

A The man, My aunt, It, Sue
   <u>The man</u> walks
   <u>It</u> snows
   <u>Sue</u> plays
   <u>My aunt</u> likes

> **해설** 눈이 오거나 비가 오는 것 같은 날씨를 표현할

때는 주어로 It을 써요. 하지만 '그것'이라고 해석하지는 않아요.

B 1 rises
2 goes
3 lives
4 exercise

C 1 gets up
2 snows
3 like
4 work

UNIT 32 현재진행형 p.070

● **Pop Quiz**

1 am cleaning
2 is singing
3 are eating
4 is watching
5 are running
6 is playing

● **Fun Practice**

A 1 am
2 is
3 is
4 are

해설 1 나는 플루트를 연주하고 있어.
2 그녀는 학교에 걸어가고 있어.
3 그는 농구 경기를 보고 있어.
4 그들은 아침식사 중이야.

B 1 is sitting
2 is watching
3 are cleaning
4 is baking

해설 bake처럼 e로 끝나는 동사는 현재진행형이 될 때 e를 빼고 -ing를 붙여요.

C 1 I am listening to music.
2 My father is reading a book.
3 He is playing the piano.
4 She is cleaning her room.

UNIT 33 현재진행형의 부정문과 의문문 p.072

● **Pop Quiz**

1 I am not singing. / Am I singing?
2 You are not singing. / Are you singing?
3 She is not singing. / Is she singing?
4 We are not singing. / Are we singing?

● **Fun Practice**

A 1 I am not watching a drama.
2 My brother is not cleaning his room.
3 My sister and I are not walking on the street.
4 She is not washing the dish.

B 1 Are
2 Is
3 Are
4 Am

해설 영어로 '전화를 받다'는 answer the phone이라고 해요. 영어 문장의 첫 글자는 어떤 경우에도 대문자로 써야 합니다.

C 1 Am I listening to music?
2 Is your aunt cooking?
3 Are they pushing the cart?
4 Is Minho drawing a picture?

해설 1 나는 음악을 듣고 있어. → 나는 음악을 듣고 있니?

2 네 이모는 요리 중이시구나. → 네 이모는 요리 중이시니?

3 그들은 카트를 밀고 있어. → 그들은 카트를 밀고 있니?

4 민호는 그림을 그리고 있어. → 민호는 그림을 그리고 있니?

UNIT 34 과거형 be동사 p.074

● Pop Quiz

1 was, wasn't

2 was, wasn't

3 were, weren't

4 were, weren't

5 was, wasn't

6 was, wasn't

● Fun Practice

A **1** was
   2 were
   3 was
   4 were

> 해설 be동사의 과거형은 단수는 was, 복수는 were를 씁니다. 주의할 점은 2인칭 대명사 you의 경우, 단수 복수에 상관없이 무조건 were를 써야 해요.

B **1** was
   2 was
   3 weren't
   4 wasn't

> 해석 **1** 응, 재미있었어.
> **2** 맞아, 나 지각했어.
> **3** 아니, 그렇지 않았어.
> **4** 아니, 화나지 않았어.

C **1** were
   2 were

3 was not

4 Were

UNIT 35 일반동사의 과거형(규칙변화) p.076

● Pop Quiz

1 brushed

2 enjoyed

3 laughed

4 tied

5 studied

6 rained

7 planned

8 moved

9 dropped

● Fun Practice

A **1** rained
   2 dropped
   3 played
   4 studied

> 해석 **1** 비가 많이 왔어.
> **2** 그는 컵을 떨어뜨렸어.
> **3** 나는 축구를 했어.
> **4** 내 여동생은 어제 공부를 했어.

B **1** brushed
   2 tied
   3 planned
   4 enjoyed

> 해설 e로 끝나는 일반동사의 과거형은 끝에 -d를 붙입니다. enjoy의 경우, y로 끝났지만 앞에 모음 o가 있어서 과거형은 그냥 -ed를 붙여요.

C **1** played
   2 moved

3 laughed

4 pointed

UNIT 36 일반동사의 과거형(불규칙변화) p.078

● Pop Quiz

1 fell

2 put

3 gave

4 heard

5 met

6 had

7 broke

8 went

9 saw

● Fun Practice

A **1** broke

　2 met

　3 saw

　4 fell

　해석 **1** 그 아이들은 창문을 깨뜨렸어.
　　　2 그녀는 친구들을 만났어.
　　　3 소녀가 곰인형을 봤어.
　　　4 사과 여러 개가 나무에서 떨어졌어.

B **1** knew

　2 went

　3 gave

　4 had

　해설 know, go, give, have는 모두 과거형이 불규칙한 동사들이에요. 이런 불규칙 동사들은 나올 때마다 머리속에 넣어두는 것이 제일 좋아요.

C **1** put

　2 heard

3 went

4 knew

해설 put은 현재형과 과거형이 똑같아요.

UNIT 37 일반동사 과거형의 부정문과 의문문 p.080

● Pop Quiz

1 You didn't play, Did you play ~?

2 She didn't know, Did she know ~?

3 We didn't see, Did we see ~?

● Fun Practice

A **1** didn't break

　2 didn't see

　3 didn't meet

　4 didn't fall

　해설 일반동사 과거형의 부정문에 쓰이는 did not (didn't)은 주어의 인칭과 수에 상관없이 똑같아요.

　해석 **1** 그 아이들이 컵을 깼어. → 그 아이들이 컵을 깨지 않았어.
　　　2 우리는 그 쇼를 봤어. → 우리는 그 쇼를 안 봤어.
　　　3 나는 선생님을 만났어. → 나는 선생님을 만나지 않았어.
　　　4 원숭이들이 나무에서 떨어졌어. → 원숭이들이 나무에서 떨어지지 않았어.

B **1** Did you know the phone number?

　2 Did Julia put the wallet in the bag?

　3 Did he give her the notebook?

　4 Did my friend have a headache?

　해석 **1** 너는 전화번호를 알고 있었니?
　　　2 줄리아는 지갑을 가방에 넣었니?
　　　3 그는 그녀에게 공책을 줬니?
　　　4 내 친구가 머리가 아팠어?

C
1 Did, put
2 Did, hear
3 didn't go
4 didn't know

UNIT 38 Review 6   p.082

A
1 is
2 are
3 was
4 were
5 broke

> 해석
> **1** 그녀는 노래하고 있어.
> **2** 그들은 길을 걷고 있지 않아.
> **3** 지난 목요일은 날씨가 안 좋았어.
> **4** 그 비행기들은 정말 빨랐어.
> **5** 그녀는 어제 꽃병을 깼어.

B
1 did not play / didn't play
2 Did, hear
3 is not eating / isn't eating
4 Is, doing

> 해석
> **1** 우리는 야구를 했어. → 우리는 야구를 하지 않았어
> **2** 너는 그 음악을 들었어. → 너는 그 음악을 들었니?
> **3** 그는 점심을 먹고 있어. → 그는 점심을 먹고 있지 않았어.
> **4** 마크는 숙제를 하고 있어. → 마크는 숙제를 하고 있었니?

C
1 He often goes to the park.
2 I am eating cookies.
3 She was sick yesterday.
4 My friend and I played soccer an hour ago.

> 해설   yesterday, an hour ago는 '지나간 시간'을 나타냅니다. 따라서 과거동사가 와야 해요. 3인칭 단수

인 she, he, it 뒤에 오는 be동사의 과거형은 was예요. play의 과거형은 played입니다.

> 해석
> **1** 그는 그 공원에 자주 가.
> **2** 나는 쿠키를 먹고 있어.
> **3** 그녀는 어제 아팠어.
> **4** 친구랑 나는 한 시간 전에 축구를 했어.

D
1 The sun rises in the east.
2 She is cleaning her room.

> 해설   속담이나 변하지 않는 진리를 말할 때는 현재형 동사를 씁니다.

E
1 studying, playing
2 watching, reading

> 해석
> **1** A: 너는 지금 공부하고 있니?
>   B: 아니. 피아노 치고 있어.
>   A: 눈이 오고 있어. 밖에 나가자.
> **2** A: 네 아빠, 지금 TV 보시니?
>   B: 아뇨, 안 보시는데요. 아빠는 신문을 읽고 계세요.
>   A: 아, 알겠어.

F
1 (예문) Yes, she is. / No, she isn't.
2 (예문) Yes, I did. / No, I didn't.
3 (예문) Yes, he does. / No, he doesn't.

> 해석
> **1** Q: 그녀는 지금 저녁을 요리하고 있니?
>   A: 네 그래요./ 아니오. 그렇지 않아요.
> **2** Q: 너 숙제 했니?
>   A: 네, 했어요./ 아니오, 안 했어요.
> **3** Q: 네 남동생은 일찍 잠자러 가니?
>   A: 응, 그래./ 아니, 안 그래.

UNIT 39 미래형 조동사 will   p.084

● Pop Quiz

1 I will be, I'll be
2 It will snow, It'll snow
3 He will become, He'll become

4 She will arrive, She'll arrive

5 You will ride, You'll ride

● Fun Practice

A 1 will be

2 will become

3 will arrive

4 will rain

B 1 answer

2 come

3 win

4 be

해설 조동사 will은 항상 동사원형과 함께 써요. 그리고 soon(곧), next year(내년에), tomorrow(내일)처럼 미래를 나타내는 부사와 자주 사용됩니다.

C 1 will be

2 will enjoy

3 will ride

4 will understand

UNIT 40 will의 부정문과 의문문 p.086

● Pop Quiz

1 Will I call ~?, I will not(won't) call

2 Will he like ~?, He will not(won't) like

3 Will they ride ~?, They will not(won't) ride

4 Will you come ~?, You will not(won't) come

● Fun Practice

A 1 I will not ride the bus.

2 My sister will not get the phone.

3 He will not be an actor.

4 My brother will not go to the library.

해설 조동사 will의 부정문은 'will not+동사원형'임을 기억해 두세요.

B 1 Will, arrive

2 Will, be

3 Will, call

4 Will, come

해설 조동사 will의 의문문은 'Will+주어+동사원형'을 씁니다.

해석 1 기차는 정오에 도착할 거야. → 기차는 정오에 도착할까?

2 내일 눈이 올 거야. → 내일 눈이 올까?

3 마틸다는 오늘 오후에 너에게 전화할 거야. → 마틸다가 오늘 오후에 너에게 전화할까?

4 루크는 여기에 올 거야. → 루크는 여기에 올까?

C 1 Will, become

2 Will, eat

3 Won't, go

4 Won't, ride

해설 조동사 will의 부정형 will not은 줄여서 won't로 씁니다.

UNIT 41 be going to p.088

● Pop Quiz

1 am going to play

2 are going to visit

3 is going to swim

4 is going to read

5 are going to climb

● Fun Practice

A 1 am going to

2 are going to

3 is going to

4 is going to

B **1** is, close
    2 are, visit
    3 is, play
    4 is, help

> **해설** 미래를 나타내는 be going to 뒤에 오는 동사는 항상 동사원형을 씁니다.

C **1** are going to have
    2 is going to meet
    3 is going to open
    4 am going to read

UNIT 42 be going to의 부정문과 의문문 p.090

● Pop Quiz

1 I am not going to, Am I going to ~?
2 He is not going to, Is he going to ~?
3 You are not going to, Are you going to ~?

● Fun Practice

A **1** I am not going to meet him.
    2 Your friend is not going to play the violin.
    3 Claire is not going to draw a picture.
    4 We are not going to take a walk.

> **해설** be going to의 부정문은 to 뒤가 아니라 be동사 뒤에 not을 붙입니다. 그래서 I'm not going to~처럼 사용합니다.

> **해석** **1** 나는 그를 만나지 않을 거야.
>   **2** 네 친구는 바이올린을 연주하지 않을 거야.
>   **3** 클레어는 그림을 그리지 않을 거야.
>   **4** 우리는 산책을 가지 않을 거야.

B **1** Is, going to
    2 Are, going to
    3 Is, going to
    4 Are, going to

> **해석** **1** 그녀는 테니스를 칠 거니?
>   **2** 너는 우체국을 방문할 거니?
>   **3** 우리 오빠는 새 책을 살 거니?
>   **4** 그들은 산을 올라갈 거니?

C **1** Are, going to meet
    2 Is, going to study
    3 is not going to watch
    4 are not going to swim

UNIT 43 Review 7 p.092

A **1** be
    2 call
    3 like
    4 go
    5 visit

> **해설** will은 미래를 나타내는 조동사로 will 다음에는 동사원형이 와야 합니다. 또 미래형 조동사인 will과 과거를 나타내는 과거형 동사는 함께 쓸 수 없어요.

> **해석** **1** 내일은 비가 올 거야.
>   **2** 제이슨이 오늘 저녁에 나한테 전화할 거예요.
>   **3** 네 엄마가 그 선물 좋아하실까?
>   **4** 그녀는 거기에 가지 않을 거야.
>   **5** 우리는 박물관을 방문할 거예요.

B **1** will not leave
    2 Will, go
    3 is not going to
    4 Is, going to

> **해석** **1** 비행기는 곧 출발할 거야. → 비행기는 곧 출발하지 않을 거야.
>   **2** 너는 병원에 갈 거야. → 너는 병원에 갈 거니?

3 그는 축구를 할 거야. → 그는 축구를 하지 않을 거야.

4 그녀는 새 의자를 살 거야. → 그녀는 새 의자를 살 거니?

C **1** I am going to play the violin this afternoon.

2 The bank is not going to open tomorrow.

3 He will enjoy the movie.

해설 be going to에서 be동사는 주어의 인칭과 수에 따라 달라집니다. 그리고 be going to와 will 다음에는 동사원형이 와야 해요.

해석 **1** 나는 오늘 오후에 바이올린을 연주할 거야.
2 그 은행은 내일 문을 열지 않을 거야.
3 그는 그 영화를 재미있어 할 거야.

D **1** He will go to the park.

2 She is going to draw a picture.

E **1** will be
will ride
will be

2 A: Will, eat
B: won't
A: will be

해석 **1** 나는 미래에 우주비행사가 될 거야.
나는 우주선을 탈 거야.
그건 멋질 거야.
2 A: 너 아침 먹을 거니?
B: 아니, 안 먹을 거예요. 학교에 늦었어요.
A: 서둘러라. 안 그러면 지각하겠다.

F **1** (예문) Yes, I am. / No, I am not.

2 (예문) Yes, I will. / No, I won't.

해석 **1** Q: 너는 그 TV 쇼 볼 거니?
A: 그래 볼 거야. / 아니, 안 볼 거야.
2 Q: 너 내일 일찍 일어날 거니?
A: 네, 그럴 거예요. / 아니오, 안 그럴 거예요.

● **Pop Quiz**

1 What
2 What
3 What
4 What
5 What
6 What
7 What
8 What

● **Fun Practice**

A **1** 분홍색 그림
2 달력 그림
3 아이가 자고 있는 그림
4 아이가 앉아 있는 그림

해석 **1** 그건 무슨 색이니?
2 오늘은 무슨 요일이야?
3 너는 몇 시에 자니?
4 그는 무슨 옷을 입고 있니?

B **1** My favorite subject is math.
2 I will go to the beach.
3 I ate a cheese sandwich.
4 She is cooking dinner now.

해설 의문사 what을 써서 묻는 질문에는 yes, no가 아닌 '무엇'에 관한 구체적인 내용을 답해야 해요. 또 질문과 같은 종류의 동사로 답하면 돼요. be동사로 물었으면 be동사로, 일반동사로 물었으면 일반동사로, 조동사로 물었으면 조동사로 대답합니다.

해석 **1** 내가 가장 좋아하는 과목은 수학이야.
2 나는 해변에 갈 거야.
3 나는 치즈 샌드위치를 먹었어.
4 그녀는 지금 저녁을 요리하고 있어.

C **1** food
2 is

3 time

4 does

UNIT 45 의문사 who, whose p.096

● **Pop Quiz**

1 Who

2 Whose

3 Whose

4 Who

5 Who

6 Whose

7 Whose

8 Who

● **Fun Practice**

A 1 Who

   2 Whose

   3 Who

   4 Whose

B 1 Jack is playing soccer.

   2 It's mine.

   3 She is my friend.

   4 They are his.

> 해석 **1** 잭이 축구를 하고 있어.
> **2** 그건 내 거야.
> **3** 그녀가 내 친구예요.
> **4** 그것들은 그의 거야.

> 해설 his는 소유격(그의)과 소유대명사(그의 것)가 형태가 똑같아요. 여기서는 소유대명사로 쓰여 his shoes라는 뜻입니다.

C 1 Who ate my bread?

   2 Who is that tall boy?

   3 Whose pen is that?

4 Who lives in Canada?

> 해설 'Who+동사', 'whose+명사' 형태로 씁니다. who 뒤에 일반동사가 오면 이때 who는 3인칭 단수로 뒤에 3인칭 단수동사가 와야 해요.

UNIT 46 의문사 when p.098

● **Pop Quiz**

3, 4, 5, 8

> 해설 '언제'라는 뜻의 의문사 when으로 물어보려면 시간과 관련된 내용이 대답에 있어야 해요. 1번은 what(무엇) 또는 whose(누구의)로 묻는 질문에 대한 답이고 2번은 who, '누구'인지를 묻는 질문에 대한 답이에요. 6, 7번은 What을 묻는 질문에 대한 답입니다.

> 해석 **1** 그건 내 연필이야.
> **2** 그는 내 형이야.
> **3** 내 생일은 오늘이야.
> **4** 그는 내년에 돌아올 거야.
> **5** 나는 일곱 시에 저녁을 먹었어.
> **6** 그것들은 의자야.
> **7** 그의 이름은 폴이야.
> **8** 나는 오후에는 돌아올 수 있어.

● **Fun Practice**

A 1 It starts tomorrow.

   2 It leaves at 4 o'clock.

   3 I'm going home after school.

   4 You should finish soon.

> 해석 **1** 학교는 내일 시작해요.
> **2** 버스는 4시에 떠납니다.
> **3** 나는 방과후에 집에 갈 거야.
> **4** 너는 곧 끝내야 해.

B 1 does

   2 is

   3 can

   4 do

C 1 When does he play basketball?
  2 When(What time) does the shop close?
  3 When are you going to meet them?
  4 When can she come back?

> **해설** when은 '언제'라는 뜻으로 그 한 단어 속에 '시간'이라는 뜻이 들어 있어요. 따라서 when time이라는 표현은 어색하지요. when의 의미로 time과 같이 쓸 수 있는 말은 what이에요. when = what time으로 기억해 두세요.

UNIT 47 의문사 where   p.100

● **Pop Quiz**

4, 5, 8

> **해석** 1 그의 생일은 내일이야.
> 2 그녀는 오늘 돌아올 거야.
> 3 그는 우리 아빠야.
> 4 그녀는 부엌에 있어.
> 5 나는 서울에 살아.
> 6 그것들은 네 펜이야.
> 7 그건 초록색이야.
> 8 그건 탁자 위에 있어.

● **Fun Practice**

A 1 It was in your bag.
  2 He lives in Paris.
  3 I am going to the school
  4 I went to the library.

> **해석** 1 그건 네 가방 안에 있었어.
> 2 그는 파리에 살아.
> 3 나는 학교에 가는 중이야.
> 4 나는 도서관에 갔어.

B 1 is
  2 did
  3 are
  4 can

C 1 Where is the bank?
  2 Where do you want to go?
  3 Where did he go yesterday?
  4 Where can I play soccer?

> **해설** 의문사 where 뒤의 동사는 주어의 인칭과 수에 맞춰 써야 하지만 조동사는 주어에 상관없이 똑같아요. 3번은 어제(yesterday) 일어난 일로, do의 과거형인 did가 와야 합니다.

UNIT 48 의문사 which   p.102

● **Pop Quiz**

1 Which
2 Which
3 Which
4 Which
5 Which
6 Which
7 Which
8 Which

● **Fun Practice**

A 1 Her hat is the pink one.
  2 I like this one.
  3 This pen is mine.
  4 I will order rice.

> **해석** 1 그녀의 모자는 어느 것이니, 빨강 아니면 분홍? – 그녀의 모자는 분홍 모자야.
> 2 너는 어느 것을 좋아하니? – 나는 이것을 좋아해.
> 3 어느 펜이 네 것이니, 이것 아니면 저것? – 이 펜이 내 거야.
> 4 밥이나 빵 중에 어느 것을 주문할 거야? – 나는 밥을 주문할 거야.

B 1 is
  2 color

3 bag

4 are

C **1** Which bike is cheaper?

2 Which bag is his?

3 Which pants are yours, these or those?

4 Which team does she like, the Eagles or the Bears?

해설 '어느 ~'라는 뜻의 의문사는 which예요. 2번은 어떤 것이 그의 '가방인지'를 묻고 있으므로, '~이다'는 뜻의 be동사가 옵니다. 4번은 어느 팀을 '좋아하는지'를 묻고 있으므로 일반동사 like와 함께 의문문을 만드는 do/does가 와야 해요. 그런데 주어가 she이므로 does가 옵니다.

UNIT 49 의문사 how   p.104

● **Pop Quiz**

1 How often

2 How old

3 How heavy

4 How long

5 How much

6 How far

해설 how old는 나이가 몇 살인지 또는 건물 등이 얼마나 오래되었는지를 물을 때 쓸 수 있어요. how long은 길이나 시간이 긴 것을 표현할 때 씁니다.

● **Fun Practice**

A **1** It's sunny today.

2 I'm not good. I'm sick.

3 He goes home by bus.

4 Tom told me.

해설 어디로 이동할 때 어떻게 가는지를 물어볼 경우 의문사 how를 쓸 수 있어요. 대답할 때는 교통수단에 따라 by car, by bus, by train 등으로 말할 수 있어요. '걸어서' 간다는 on foot이라고 해요.

해석 **1** 오늘 날씨가 어때요? – 오늘은 화창해요.

2 기분이 어때? – 안 좋아. 나 아파.

3 그는 집에 어떻게 가니? – 그는 버스를 타고 집에 가.

4 당신은 그걸 어떻게 알았나요? – 톰이 제게 말해줬어요.

B **1** How old

2 How many

3 How much

4 How heavy

해석 **1** 너는 몇 살이니?

2 너는 연필이 몇 자루 있어?

3 그것은 얼마예요?

4 네 개는 얼마나 무겁니?

C **1** How often do you exercise?

2 How do you go to school?

3 How long should we wait?

4 How is the weather today?

UNIT 50 의문사 why   p.106

● **Pop Quiz**

1 are

2 is

3 were

4 do

5 does

6 do

7 is

8 are

해설 why 의문사 뒤에 be동사가 오는지 일반동사가 오는지는 주어 뒤의 말을 보면 됩니다. 주어 뒤에 형용사가 오면 why 다음에 be동사가 오고 주어 뒤에 일반동사가 오면 why 뒤에는 일반동사의 의문문처럼 do/does/did가 와야 해요.

1 너는 왜 늦었니?
2 그는 왜 행복해?
3 그들은 왜 화가 났니?
4 너는 왜 피곤해 보이니?
5 그는 왜 그것을 좋아하니?
6 너는 왜 그것을 사니?
7 그녀는 왜 울고 있니?
8 너는 왜 슬프니?

● Fun Practice

A 1 Because I like swimming.
2 Because I got up late.
3 Because he has a test.
4 Because she didn't sleep.

해석 1 나는 수영하는 게 좋기 때문이야.
2 내가 늦잠 잤기 때문이야.
3 그는 시험이 있기 때문이야.
4 그녀는 잠을 못 잤기 때문이야.

B 1 do
2 Why
3 crying
4 did

C 1 Why does he like her?
2 Why are you angry?
3 Why does he stay at your house?
4 Why is your brother smiling?

UNIT 51 Review 8 p.108

A 1 What
2 How
3 Where
4 When
5 Which

해설 what은 '무엇, 무슨'이라는 뜻이며, who는 '누가', where는 '어디에', whose는 '누구의', when은 '언

제', how는 '어떻게, 얼마의'라는 뜻을 나타내는 의문사예요.

해석 1 그는 무슨 색을 좋아해?
2 그녀는 공을 몇 개 갖고 있어?
3 네 친구는 어디에 사니?
4 그 식당은 언제 문을 닫아?
5 너는 어느 것을 더 좋아하니, 분홍 신발 아니면 검정 신발?

B 1 Because I was sick.
2 It is 40 dollars.
3 She is eating lunch.
4 It is mine.

해석 1 너는 어제 왜 안 왔어? – 내가 아팠기 때문이야.
2 그거 얼마예요? – 40달러예요.
3 그녀는 지금 뭐하고 있어? – 그녀는 점심 먹고 있어.
4 이것은 누구의 모자니? – 그건 내 거야.

C 1 What will you do this summer?
2 How far is it to your house?
3 Who is this little boy?
4 Which way should we go, this or that?

해설 'How + 형용사/부사'는 '얼마나 ~한/~하게'라는 뜻입니다.

해석 1 너는 이번 여름에 뭘 할 거니?
2 네 집까지 얼마나 머니?
3 이 작은 소년은 누구야?
4 우리는 어느 길로 가야 해요, 이 길이에요 아니면 저 길이에요?

D 1 When can you buy the book?
2 How long are you going to stay in New York?

E What, How, Why

해석 A: 너는 무슨 운동을 좋아해?
B: 나는 축구가 좋아.
A: 너는 축구를 얼마나 자주 하니?

B: 나는 축구를 매일 해.
A: 너는 왜 축구를 좋아해?
B: 재미있기 때문이야.

F **1** (예문) I have two pets.
   2 (예문) I like pizza.
   3 (예문) I eat dinner at 7 o'clock.

> 해석 **1** Q: 너는 애완동물이 몇 마리니?
>   A: 나는 두 마리야.
>   **2** Q: 너는 무슨 음식을 좋아하니?
>   A: 나는 피자를 좋아해.
>   **3** Q: 너는 언제 저녁을 먹어?
>   A: 나는 7시에 저녁을 먹어.

UNIT 52 형용사   p.110

● Pop Quiz

성질/상태 형용사 – cold, clean, dirty, boring
모양/크기 형용사 – tall, small, big, short
색깔 형용사 – blue, black, green

● Fun Practice

A **1** big, 큰
   2 short, 짧은
   3 clean, 깨끗한
   4 white, 흰

> 해석 **1** 그 고양이는 커.
>   **2** 내 친구는 머리가 짧아.
>   **3** 그 방은 깨끗해.
>   **4** 그녀는 흰 모자를 쓰고 있어.

B **1** tall
   2 interesting
   3 old
   4 wet

> 해설 tall과 short, boring과 interesting, new와
> old, dry와 wet은 서로 반대되는 뜻을 지니고 있어요.

단어를 익힐 때 반대말을 이용하면 좀 더 재미있게 배
우고 기억을 쉽게 할 수 있어요.

C **1** strong
   2 hot
   3 long
   4 black

> 해석 **1** 바람이 세다.
>   **2** 나는 뜨거운 수프를 먹을 수 있어.
>   **3** 그녀는 긴 머리야.
>   **4** 그 책은 검정색이야.

UNIT 53 부사   p.112

● Pop Quiz

too, fast, so, brightly, happily

> 해설 형용사와 부사의 형태가 똑같은 fast나 ly가 붙지
> 않는 too, so 등의 부사를 잘 익혀두세요..

● Fun Practice

A **1** really 정말
   2 too 너무
   3 brightly 밝게
   4 happily 행복하게

> 해석 **1** 그 의자는 정말 무거워.
>   **2** 그 책은 너무 비싸.
>   **3** 그 소녀는 밝게 웃었어.
>   **4** 그들은 행복하게 살았어.

B **1** carefully
   2 so
   3 too
   4 easily

C **1** fast
   2 slowly
   3 carefully

4 well

> 해설 형용사 good의 부사형은 -ly가 붙지 않고 모양이 전혀 다른 well을 씁니다.

UNIT 54 비교급   p.114

● Pop Quiz

1 taller
2 happier
3 more expensive

> 해설 단어가 y로 끝나는 happy는 y를 i로 고치고 -er를 붙입니다.

● Fun Practice

A **1** higher
    2 bigger
    3 faster
    4 slower
    5 happier
    6 more beautiful
    7 easier
    8 taller

> 해설 big처럼 '단모음+단자음'으로 끝나는 형용사는 비교급이 될 때 끝에 있는 자음을 한 번 더 써주고 -er를 붙여요. 따라서 big의 비교급은 g를 한 번 더 써주고 -er를 붙인 bigger가 됩니다.

B **1** smaller
    2 older
    3 worse
    4 higher

> 해석 **1** 이 차는 저 차보다 더 작아
> **2** 이 여성은 저 여성보다 더 나이가 많아.
> **3** 이 사과는 저 사과보다 더 안 좋아
> **4** 이 산은 저 산보다 더 높아.

C **1** taller
    2 cheaper
    3 better
    4 more beautiful

UNIT 55 최상급   p.116

● Pop Quiz

1 the coldest
2 the most expensive
3 the best

> 해설 cold는 'the+-est'를 붙여 최상급을 만듭니다. good-better-best처럼 불규칙한 형태의 비교급/최상급을 만드는 형용사는 나올 때마다 잘 익혀두세요.

● Fun Practice

A most difficult, largest, sweetest, worst

B **1** strongest
    2 cutest
    3 most popular
    4 sweetest

C **1** largest
    2 most expensive
    3 best
    4 coldest

UNIT 56 수량형용사   p.118

● Pop Quiz

many 뒤에 올 수 있는 단어 – candies, bananas, friends, cousins, questions
much 뒤에 올 수 있는 단어 – milk, time, money, homework

해설 many는 셀 수 있는 명사와 함께 쓰고 much는 셀 수 없는 명사와 함께 씁니다. milk, time, money, homework는 셀 수 없는 명사예요.

● Fun Practice

A 1 much
2 many
3 much
4 much

B 1 any
2 many
3 some
4 much

해설 any와 some은 '약간의, 조금의'라는 뜻이에요. any는 부정문에 쓰고 some은 긍정문에 씁니다.

C 1 I ate many strawberries.
2 I don't have any time.
3 Do you save much money?
4 She doesn't watch lots of / a lot of movies.

해설 2번의 some은 앞에 don't라는 부정의 표현이 있으므로 같이 쓸 수 없어요. 4번은 a lot of 또는 lots of가 '많은'이라는 뜻으로 쓰입니다.

UNIT 57 빈도부사 p.120

● Pop Quiz

1 sometimes - 가끔
2 usually - 보통
3 never - 절대 안 일어나는
4 rarely - 거의 않는
5 always - 항상

● Fun Practice

A 1 always
2 sometimes
3 never
4 usually

B 1 raely
2 always
3 never
4 sometimes

C 1 We never drink milk.
2 She usually goes to sleep early.
3 You sometimes look sad.
4 I will always remember you.

해설 빈도부사는 일반동사와 함께 쓰면 일반동사 앞에 오고, 조동사와 함께 쓰면 조동사 뒤에 옵니다. never는 '절대로 ~않는다'는 의미로 부정을 나타내는 말과 같이 쓸 수 없어요.

UNIT 58 Review 9 p.122

A 1 much
2 many
3 interesting
4 is always
5 carefully

해설 many, a few는 셀 수 있는 명사 앞에 오며, much, a little은 셀 수 없는 명사 앞에 와요. 그리고 interest(흥미)는 명사, interesting(흥미로운)은 형용사 예요. 흥미로운 영화라고 해야 적절하겠죠?!

해석 1 그녀는 주스를 너무 많이 마셨어.
2 나는 남자형제와 여자형제들이 많이 있어.
3 그건 흥미로운 영화였어.
4 그는 항상 아이들에게 부드러워.
5 주의 깊게 봐주세요.

B **1** the most beautiful

2 older

3 the best

4 longer than

해석 **1** 메리는 아름다운 소녀야. → 메리는 제일 아름다운 소녀야.

2 나는 10살이다. 제시는 열두 살이다. → 제시는 나보다 나이가 더 많다.

3 그는 좋은 선수다. → 그는 최고의 선수다.

4 이 판자는 길이가 1미터야. 저 판자는 길이가 2미터야. → 저 판자는 이 판자보다 더 길어.

C **1** It is a clean table.

2 The pen is really expensive.

3 He is slower than me.

4 My brother never reads books.

해석 **1** 그건 깨끗한 탁자야.

2 그 펜은 정말 비싸.

3 그는 나보다 더 느려.

4 내 남동생은 책을 절대로 안 읽어.

해설 '더 ~한'이라는 비교급 형용사 뒤에 와서 비교 대상을 나타낼 때 쓰는 말은 than(~보다)이에요. then 은 '그때, 그러고 나서'라는 뜻의 부사랍니다.

D **1** There are many apples on the table.

2 I sometimes watch movies.

E **1** more expensive, better

2 tallest, tallest, fastest

해석 **1** A: 이 펜은 저 펜보다 더 비싸.

B: 하지만 저 펜이 이 펜보다 더 좋아.

A: 난 저 펜을 살 거야.

2 A: 네 반에서 누가 제일 키가 크니?

B: 제레미가 우리 반에서 제일 키가 커.

A: 그리고 그는 우리 반에서 제일 빠르기도 해.

F **1** (예문) I have three pencils.

2 (예문) I had a glass of milk.

3 (예문) I didn't spend any money at the store.

해석 **1** Q: 너는 연필을 몇 자루 갖고 있니?

A: 난 세 자루 있어.

2 Q: 너는 오늘 아침에 우유를 얼마나 많이 마셨니?

A: 나는 우유 한 잔을 마셨어.

3 Q: 너는 가게에서 돈을 얼마나 많이 썼니?

A: 하나도 안 썼어.

UNIT 59 시간 전치사 in, at, on p.124

● **Pop Quiz**

1 at

2 in

3 on

4 in

5 at

6 in

● **Fun Practice**

A in과 연결되는 말 – 1988, January, the afternoon

on과 연결되는 말 – August 22, Sunday, Christmas, Friday

at와 연결되는 말 – 2 o'clock

B **1** on

2 in

3 at

4 in

C **1** at 7:30

2 on Saturday

3 on Christmas

4 in February

UNIT 60 위치 전치사 I
p.126

● **Pop Quiz**

1 in
2 on
3 under

● **Fun Practice**

A 1 under
2 in
3 on
4 on
5 under
6 in

B 1 under
2 in
3 on
4 on

해석 1 개가 의자 아래에 있어.
2 우산이 가방 안에 있어.
3 고양이가 의자 위에서 잠을 자.
4 가방이 탁자 위에 있어.

C 1 on
2 on
3 under
4 in

UNIT 61 위치 전치사 II
p.128

● **Pop Quiz**

1 behind
2 between
3 next to
4 in front of

● **Fun Practice**

A 1 behind
2 next to
3 in front of
4 between

B 1 next to
2 between
3 behind
4 in front of

C 1 in front of
2 next to
3 behind
4 between

UNIT 62 장소 전치사
p.130

● **Pop Quiz**

1 in
2 at
3 in
4 at
5 at
6 in
7 in
8 in

해설 in은 나라, 도시처럼 넓은 지역이나 '특정 장소의 내부(living room)'를 말할 때 쓰고, at는 좁은 장소(museum)나 어느 한 지점(bus stop)을 말할 때 씁니다.

● **Fun Practice**

A in과 연결되는 단어 – New York, the ocean, Mexico, Busan

at와 연결되는 단어 – school, the library, the airport, the movie theater

B **1** in
2 at
3 at
4 in

C **1** There are a lot of sea animals in the ocean.
2 Did you meet Brian at the library?
3 My friend Jungeun lives in China.
4 Let's meet at the movie theater tomorrow.

UNIT 63 기타 전치사 p.132

● **Pop Quiz**

1 with
2 about
3 by
4 for
5 from
6 for
7 during
8 with

● **Fun Practice**

A **1** for
2 from
3 by
4 with

해석 **1** 내가 널 위해 이걸 샀어.
2 데이비드는 캐나다에서 왔어.
3 우리 엄마는 자동차로 직장에 가세요.
4 형은 친구랑 얘기하고 있어.

해설 for는 뒤에 구체적인 기간이 와서 '~동안'이라는 뜻도 나타내지만 뒤에 사람이나 단체가 와서 '~을 위하여'라는 뜻도 나타냅니다.

B **1** by
2 about
3 during
4 from

C **1** He played basketball for 3 hours.
2 Let's talk with her.
3 They went to the park by bus.
4 The book is about a soccer player.

UNIT 64 Review 10 p.134

A **1** at
2 for
3 by
4 during
5 in

해설 자동차나 버스 등 어떤 교통수단을 타고 간다고 할 때 전치사 by를 써서 by car, by bus 등으로 씁니다.

해석 **1** 나는 밤에 그를 만날 거야.
2 그는 그녀를 위해 초콜릿을 조금 샀어.
3 우리 이모는 차를 타고 절에 가셔.
4 너는 겨울방학 동안 뭘 할 거니?
5 우리 조부모님은 제주도에 사셔.

B **1** on
2 under
3 next to
4 behind

해석 **1** 탁자 위에 고양이가 세 마리 있어.
2 탁자 아래에 개가 한 마리 있어.
3 탁자 옆에 가방이 두 개 있어.
4 가방 뒤에 등이 있어.

C **1** Are you in the living room?
2 Can you tell me about the movie?
3 She played volleyball with her friends.

4 My father plays soccer in the morning.

해석 **1** 너는 거실에 있니?
　　2 너 그 영화에 관해 나한테 말해 줄 수 있니?
　　3 그녀는 친구들과 함께 배구를 했어.
　　4 아빠는 아침에 축구를 하셔.

D 1 People buy chocolate on Valentine's Day.
　2 I can see many sea animals in the sea.

해설 밸런타인 데이나 크리스마스처럼 특정한 날을 나타낼 때는 전치사 on을 씁니다.

E 1 in front of, on, between
　2 in, under

해석 **1** 존은 빵집 앞에 서 있어. 샘은 벤치에 앉아 있어. 메리는 빵집과 병원 사이에서 기다리고 있어.
　　2 A: 안녕. 내 공책을 잃어버렸어. 네 가방 안에 있니?
　　　B: 아니. 없는데. 아, 내 가방 밑에 있네. 우리 집으로 와.
　　　A: 알았어. 고마워.

F 1 (예문) I'm going to travel during my vacation.
　2 (예문) She is in the bathroom.
　3 (예문) I get up at 7 o'clock.

해석 **1** Q: 너 방학 동안 뭐 할 거니?
　　　A: 난 방학 동안 여행할 거야.
　　2 Q: 네 엄마는 지금 어디 계시니?
　　　A: 엄마는 욕실에 계세요.
　　3 Q: 넌 몇 시에 일어나니?
　　　A: 난 일곱 시에 일어나.

UNIT 65 접속사 I (and, but, or) p.136

● **Pop Quiz**

1 and
2 but

3 or
4 but
5 and
6 or

● **Fun Practice**

A 1 and
　2 and
　3 but
　4 or

B 1 and
　2 or
　3 but
　4 and

C 1 Jenifer and I are sisters.
　2 I like dogs but I don't like cats.
　3 My room is clean and warm.
　4 Do you want to eat rice or bread?

UNIT 66 접속사 II (when, because) p.138

● **Pop Quiz**

1 when
2 because
3 when
4 because

● **Fun Practice**

A 1 when, ~할 때
　2 because, ~이기 때문에
　3 When, ~할 때
　4 because, ~이기 때문에

해석 **1** 나는 피아노를 칠 때 행복해.
2 시끄러워서 그녀는 잘 수가 없어.
3 내가 집으로 갔을 때 나는 새 영화를 봤어.
4 그는 많이 먹었기 때문에 배가 고프지 않았어.

B **1** because
2 when
3 when
4 because

C **1** because
2 when
3 because
4 when

UNIT 67 감탄문 p.140

● Pop Quiz

감탄문 – 1, 3, 5

해설 감탄문은 What＋a＋형용사＋명사 (＋주어＋동사)! 또는 How＋형용사/부사 (＋주어＋동사)! 형태를 씁니다. 문장 끝에는 항상 느낌표가 붙어요.

해석 **1** 정말 멋진 날이구나!
2 너는 매우 힘이 세.
3 그녀는 정말 예쁘구나!
4 그는 아주 무례해.
5 정말 귀여운 소년이구나!
6 그것들은 정말 아름다운 꽃이야.

● Fun Practice

A **1** What
2 How
3 How
4 What

해설 복수명사를 강조할 때는 'What＋형용사＋복수명사＋주어＋동사'를 씁니다. '주어＋동사'는 생략할 수 있어요.

해석 **1** 그는 정말 좋은 선수야.
2 우리 아빠는 정말 친절하셔.
3 그 차는 아주 빨리 달려.
4 그녀는 눈이 매우 아름다워.

B **1** What a long neck giraffes have!
2 How amazing the story is!
3 What a small dog!
4 How interesting the movie is!

C **1** What a nice robot this is!
2 What a pretty picture!
3 How busy my sister is!
4 How slow my computer is!

UNIT 68 명령문 p.142

● Pop Quiz

명령문 – 2, 4, 5

해설 명령문은 주어 없이 동사원형으로 시작하고 의문문은 '동사＋주어'의 형태로, 끝에 물음표가 옵니다.

해석 **1** 정말 아름다운 세상이야!
2 서둘러!
3 창문 좀 열어줄래?
4 누나에게 친절하게 해!
5 와서 점심 먹어.
6 비가 오고 있어.

● Fun Practice

A **1** 소녀가 마이크 들고 있는 그림
2 젓가락 들고 있는 그림
3 아이 둘이 웃고 있는 그림
4 남자 아이가 손 씻고 있는 그림

해석 **1** 노래를 불러 봐.
2 네 젓가락을 써.
3 행복해라!
4 손 좀 씻어.

B **1** Turn

2 Get

3 Sit

4 Be

> **해설** 문장 맨 앞에 나오는 말은 대문자로 시작해야 한다는 점을 주의하세요.

C **1** Come to my house.

2 Play the piano.

3 Clean the classroom!

4 Close your eyes, please.

> **해석** **1** 우리 집으로 와.
> **2** 피아노를 쳐 봐.
> **3** 교실 좀 청소해!
> **4** 눈을 감으세요.

UNIT 69 부정 명령문　　p.144

● Pop Quiz

부정 명령문 – 2, 3, 5

> **해설** 부정 명령문은 긍정 명령문 앞에 Don't가 붙어요. 명령문에서 조금 공손한 느낌을 주는 please는 문장 앞과 뒤에 다 쓸 수 있답니다.

> **해석** **1** 우리 집으로 와.
> **2** 떠들지 마!
> **3** 뛰지 마세요!
> **4** 설탕 좀 건네주세요.
> **5** 문 닫지 마.
> **6** 일찍 일어 나!

● Fun Practice

A **1** 아이가 휴대전화를 보는 그림

2 두 사람이 사진을 찍는 그림

3 개가 먹이를 먹는 그림

4 쇼핑 가방을 들고 있는 그림

> **해석** **1** 휴대전화를 쓰지 마.
> **2** 여기에선 사진을 찍지 마세요.
> **3** 지금 먹지 마!
> **4** 쇼핑 가지 마.

B **1** Don't open the window.

2 Don't stand here.

3 Don't be rude!

4 Don't move the boxes.

C **1** lie

2 take

3 be

4 touch

UNIT 70 Review 11　　p.146

A **1** use

2 Come

3 and

4 but

5 because

> **해석** **1** 카메라 사용하지 마.
> **2** 여기로 오세요.
> **3** 나는 사자들과 얼룩말들을 봤어.
> **4** 이 모자는 예쁘지만 무거워.
> **5** 그녀는 아파서 학교에 못 갔다.

B **1** What a

2 Don't be

3 How kind

4 Don't fight

> **해석** **1** 그녀는 매우 훌륭한 가수야. → 정말 훌륭한 가수구나!
> **2** 늦어. → 늦지 마.
> **3** 우리 엄마는 매우 친절하셔. → 우리 엄마는 정말 친절하시구나!
> **4** 네 언니랑 싸워. → 네 언니랑 싸우지 마.

C
  1 Use your computer.

  2 Open the door, please!

  3 Do not be afraid! / Don't be afraid!

  4 Do not turn on the TV / Don't turn on the TV.

> **해설** TV나 라디오 등을 켠다는 표현은 turn on을, 끈다는 표현은 turn off를 씁니다.

> **해설** **1** 네 컴퓨터를 써.
> **2** 문 좀 열어주세요!
> **3** 두려워하지 마!
> **4** TV 켜지 마.

D
  1 How nice the picture is!

  2 What a friendly dad he is!

E
  1 Close, turn off

  2 run, be

> **해설** **1** A: 밖이 너무 시끄러워요. 창문 좀 닫아주세요.
>   B: 알았어.
>   A: 그리고 라디오도 꺼 주세요.
> **2** A: 뛰지 마! 위험해.
>   B: 미안! 수업에 늦었어.
>   A: 그래도 조심해!

F
  1 (예문) I am late because I missed the bus.

  2 (예문) I am happy when I eat something delicious.

  3 (예문) I like Jackson because he is brave.

> **해설** **1** Q: 왜 늦었어?
>   A: 버스를 놓쳐서 늦었어.
> **2** Q: 넌 언제 행복해?
>   A: 난 맛있는 걸 먹을 때 행복해.
> **3** Q: 넌 왜 잭슨을 좋아해?
>   A: 잭슨은 용감하기 때문에 나는 그를 좋아해.

> **해설** 이유를 묻는 의문사 why에 대한 대답은 접속사 because를 써서 말할 수 있어요.

UNIT 71 비인칭주어 it p.148

● **Pop Quiz**

비인칭주어 문장 – 1, 2, 5, 7

> **해설** **1** 7시야.
> **2** 화창해.
> **3** 그건 내 펜이야.
> **4** 그것 네 거니?
> **5** 목요일이야.
> **6** 그건 뭐야?
> **7** 5킬로미터야.
> **8** 그건 파란색이야.

● **Fun Practice**

A 시간 – It's 2:30. (2시 30분이야.)

  거리 – It's 500 meters from here. (여기서부터 500미터야.)

  명암 – It's so bright here. (여기는 아주 밝아.)

  날짜 – It's September 9th. (9월 9일이야.)

  요일 – It's Friday. (금요일이야.)

  날씨 – It is rainy. (비가 와.), It's windy. (바람이 불어.)

B
  1 It

  2 It

  3 It

  4 It

> **해설** There is는 사물이나 사람에 대해 '~이 있다'고 할 때 씁니다. 거리나 날씨, 시간, 날짜를 표현하는 말에는 비인칭주어 it이 와야 해요.

> **해설** **1** 버스정류장에서 10킬로미터 거리예요.
> **2** 햇빛이 비치고 구름이 있어.
> **3** 5시야.
> **4** 7월 24일이야.

C
  1 It

  2 snowy

3 dark

4 It's

● **Pop Quiz**

1 Would

2 Let's

3 please

4 Let's

5 Would

6 Let's

해설 '~하지 말자'라는 표현은 'Let's not + 동사원형'을 씁니다.

● **Fun Practice**

A **1** c

2 b

3 a

4 d

해석 a 한 잔 더 주세요.
b 나 좀 도와줄래?
c 이 병 좀 열어주시겠어요?
d 야구하자.

B **1** Let's

2 Would you

3 please

4 be

C **1** Let's not be late.

2 Would you turn on the light?

3 Let's go fishing.

4 Would you sit down, please?

해설 turn on the light는 '전등을 켜다'는 뜻이에요.

UNIT 73 부가의문문 p.152

● **Pop Quiz**

1 긍정/She

2 부정/He

3 부정/She

4 부정/They

5 긍정/It

6 긍정/They

해설 Lions와 My students는 복수명사니까 They가 되고, My dog은 동물이니까 It으로 써야 해요.

해석 **1** 리즈는 행복해 보여.
2 켄은 중국에서 오지 않았어.
3 수는 그를 좋아하지 않아.
4 사자는 풀을 뜯지 않아.
5 내 개는 귀여워.
6 우리 학생들은 영리해요.

● **Fun Practice**

A **1** isn't it

2 do they

3 aren't you

4 can't she

해설 부가의문문은 앞 문장이 긍정이면 부정으로, 부정이면 긍정으로 해야 해요. 동사의 종류와 시제는 앞 문장과 똑같이 하되, 일반동사의 경우 do/does/did를 씁니다.

해석 **1** 너무 덥다, 그렇지 않아?
2 그들은 돈이 하나도 없어, 그렇지?
3 너는 미국에서 왔어, 그렇지 않니?
4 우리 엄마는 케이크를 만들 수 있어요, 그렇지 않아요?

B **1** is she

2 didn't they

3 shouldn't we

4 isn't he

C 1 isn't it
2 do you
3 wasn't there
4 can't he

해설 there is 구문의 부가의문문은 there is이면 isn't there로, there isn't이면 is there로 씁니다. on time은 '정각에, 제시간에'라는 뜻이에요.

UNIT 74 문장성분 p.154

● **Pop Quiz**

1 I
2 is
3 chocolate cake
4 a doctor
5 happy
6 finished

해설 주격 보어는 주어를 설명해 주는 말이고, 목적격 보어는 목적어를 설명해 주는 거예요. a doctor는 주어인 My uncle이 어떤 사람인지 설명해주는 주격 보어예요. 5번에서 happy, 행복한 것은 '우리'죠. 따라서 happy는 목적어인 us의 상태를 설명해주는 목적격 보어예요.

해석 1 나는 학생이야.
2 그녀는 피아니스트야.
3 나는 초콜릿케이크를 먹었어.
4 우리 삼촌은 의사야.
5 우리 엄마는 우리를 행복하게 만드셔.
6 나는 숙제를 끝냈어.

● **Fun Practice**

A 1 friends, 주격 보어
2 She, 주어
3 the glass, 목적어
4 is, 동사

B 1 Sam likes him.
2 It is expensive.
3 He made her sad.
4 I helped her.

해석 1 샘은 그를 좋아해.
2 그것은 비싸.
3 그는 그녀를 슬프게 했어.
4 나는 그녀를 도와줬어.

C 1 This is my pencil.
2 They are fire fighters.
3 I bought a new cap.
4 I made her angry.

UNIT 75 문장의 형식 p.156

● **Pop Quiz**

1 1형식, 동사
2 2형식, 주격 보어
3 3형식, 목적어
4 4형식, 간접목적어, 직접목적어
5 5형식, 목적어, 목적격 보어

해석 1 그녀가 웃어.
2 우리 언니는 가수야.
3 우리는 잡음을 들었어.
4 톰은 그녀에게 편지를 주었어.
5 그 뉴스는 우리를 슬프게 만들었어.

● **Fun Practice**

A 1 3형식
2 1형식
3 4형식
4 5형식

해설 2번의 to school과 같은 전치사구는 문장의 형식에 영향을 주지 않아요. 그 말을 빼도 내용이 어색하지 않아요. 따라서 이 말을 뺀 나머지를 보고 문장 형식을 파악하면 됩니다.

해석 1 내 친구들과 나는 축구를 했어.
2 나는 학교에 뛰어 갔어.
3 우리 아빠가 나한테 선물을 주셨어.
4 그녀는 아들을 놀라게 만들었어.

B 1 like, 3형식
2 make, 5형식
3 is, 2형식
4 gave, 4형식

해설 be동사가 있는 문장은 2형식이에요. 목적어가 하나 있는 것은 3형식, 두 개 있는 것은 4형식이죠. 2번에서 happy는 목적어 me를 설명해주는 목적격 보어로, 목적격 보어가 있는 것은 5형식이에요.

C 1 My friend's name is Sam.
2 My brother played computer games.
3 The baby cried a lot.
4 I sent him a letter.

UNIT 76 현재완료의 경험 p.158

● Pop Quiz

1 have played
2 has seen
3 have visited
4 has worked
5 has eaten
6 have read
7 have met
8 has called

해설 주어가 1, 2인칭이거나 복수인 경우 현재완료형은 'have＋과거분사'를 씁니다. 주어가 3인칭 단수인 경우에는 'has＋과거분사'형이 되지요. 동사 see(see-saw-seen), eat(eat-ate-eaten), read(read-read-read), meet(meet-met-met)는 불규칙 동사로 형태를 익혀두세요.

● Fun Practice

A 1 have
2 has
3 have
4 has

B 1 visited
2 met
3 played
4 seen

C 1 eaten
2 seen
3 been
4 played

UNIT 77 동명사 p.160

● Pop Quiz

1 playing
2 singing
3 teaching
4 dancing
5 learning
6 studying
7 telling
8 taking
9 swimming

해설 동명사는 동사원형에 -ing를 붙여서 만드는데, 현재분사형과 만드는 방식이 똑같아요. 예외적인 경우를 보면 dance, take처럼 -e로 끝나는 동사는 e를 생략하고 -ing를 붙여요. 그리고 swim-swimming처럼 끝자음을 반복하는 경우도 있어요.

● Fun Practice

A 1 makes
2 baking
3 taking
4 is

> **해설** 동명사는 명사처럼 주어, 목적어, 보어가 될 수 있고 3인칭 단수로 생각해요. 2번의 baking은 동사 enjoy의 목적어로, 3번 taking은 보어로 쓰입니다.

> **해석** 1 등산은 날 행복하게 해.
> 2 그들은 주말에 빵굽는 것을 즐겨.
> 3 내 취미는 사진을 찍는 거야.
> 4 보드 게임을 하는 것은 재미있어.

B 1 learning
2 traveling
3 Telling
4 playing

C 1 Swimming is good for your health.
2 My sister likes studying English.
3 Climbing trees is very hard.
4 Our goal is winning the final game.

UNIT 78 to부정사   p.162

● Pop Quiz

1 부사 역할
2 부사 역할
3 명사 역할
4 명사 역할
5 명사 역할
6 부사 역할
7 명사 역할
8 부사 역할

● Fun Practice

A 1 나는 일본어를 배우기로 계획했어.
2 그녀는 우유를 조금 마시기를 원해.
3 그녀의 직업은 가난한 사람을 돕는 거야.
4 그는 너를 만나서 행복해.

> **해설** 1, 2, 3번에서 to부정사는 '~하는 것, ~하기'라는 뜻으로, 문장에서 명사 역할을 하고 4번은 '~해서'라는 뜻으로 부사 역할을 해요.

B 1 to wear
2 to get
3 to buy
4 To drink

> **해설** 1, 4는 to부정사가 명사 역할을, 2, 3은 to부정사가 부사 역할을 해요. 'like to＋동사원형'은 '~하는 것을 좋아하다'는 뜻이에요.

C 1 to visit
2 To travel
3 to become
4 to play

> **해설** 3번에서 to부정사(to become)는 주어인 My goal을 설명해주는 주격 보어예요. My goal = to become a famous singer인 거예요.

UNIT 79 Review 12   p.164

A 1 met
2 eaten
3 playing
4 climbing
5 drink

> **해설** 1, 2번은 경험을 나타내는 현재완료형 문장으로, 'have/has＋과거분사'가 와야 해요. 3, 4번은 '~하는 것'이라는 의미의 동명사가 와야 하고 5번은 to부정사가 와야 합니다.

> **해석** 1 나는 그녀를 한 번 만난 적이 있어.

2 그녀는 만두를 먹어본 적이 있어.
3 내 취미는 골프를 치는 거야.
4 산을 오르는 것은 힘들어.
5 그는 물을 좀 마시기를 원해.

B 1 has played
2 do they
3 have eaten
4 can't he

해설 부가의문문은 앞에 오는 문장이 긍정이면 부정으로, 부정이면 긍정으로 표현합니다. 주어와 동사는 앞에 오는 문장과 같지만 4번처럼 주어가 대명사가 아닐 때는 부가의문문의 주어를 대명사로 바꿔줍니다. My brother는 대명사 he로 표현할 수 있으니까 빈칸에는 can't he가 옵니다.

해석 1 그는 테니스를 쳤어. → 그는 전에 테니스를 친 적이 있어.
2 그들은 식량이 없어. → 그들은 식량이 없어, 그렇지?
3 나는 김밥을 먹었어. → 나는 김밥을 먹어본 적이 있어.
4 우리 형은 스케이트를 탈 수 있어. → 우리 형은 스케이트를 탈 수 있어, 그렇지 않니?

C 1 Would you turn off the lamp?
2 It is too cold, isn't it?
3 Let's not be late.
4 My dad gave me a gift.

해설 '~해주시겠어요?'라고 공손하게 부탁하는 Would you ~뒤에는 동사원형이 와야 해요. '우리 ~하지 말자.'는 표현은 'Let's not+동사원형'을 씁니다. 4번은 목적어가 2개 오는 4형식 문장(주어+동사+간접목적어+직접목적어)입니다.

해석 1 전등 좀 꺼주시겠어요?
2 너무 춥다, 그렇지 않니?
3 우리 지각하지 말자.
4 우리 아빠가 나한테 선물을 주셨어.

D 1 Would you carry these boxes?
2 My dad made us delicious pizza.

E 1 to learn, to talk, to hear
2 reading, watching

해설 'want to+동사원형'은 '~하기를 원한다'라는 뜻이에요. to hear는 부사 역할로 '들어서'라는 뜻입니다.

해석 1 A: 그는 영어를 배우기를 원하니?
B: 응, 그래. 그는 외국인들과 말하고 싶어 해.
A: 그 말을 듣게 돼 기뻐.
2 A: 너는 책 읽기를 좋아하니?
B: 그래, 맞아. 나는 영화를 보는 것도 좋아 해.
A: 우와. 네 취미는 재미있을 것 같아.

F 1 (예문) It's six o'clock.
2 (예문) It's August 10th.
3 (예문) It's very hot.

해석 1 Q: 지금 몇 시야?
A: 6 시야.
2 Q: 오늘 날짜가 며칠이야?
A: 8월 10일이야.
3 Q: 오늘 날씨는 어때?
A: 아주 더워.

UNIT 80 Final test   p.166

1 b

해설 빵 두 조각은 two slices of bread 또는 two pieces of bread로 씁니다.

해석 제가 빵 두 조각 가져도 돼요?

2 d

해석 제니는 일요일마다 교회에 가지는 않아.

3 b

해설 than(~보다)과 같이 쓸 수 있는 말은 비교급이에요. tall의 비교급은 taller이고 비교급에서 more와 -er를 같이 쓸 순 없어요.

해석 네 반에서 너보다 키가 더 큰 사람은 누구야?

4 e

해설 It 뒤에 오는 현재형 동사는 3인칭 단수동사가 와야 해요. 복수명사 pencils와 쓸 수 있는 수량형용사는 many예요. How 감탄문은 뒤에 부정관사 없이 바로 형용사/부사가 와요. an은 첫음이 모음인 단어 앞에 씁니다.

해석 a. 겨울에 비가 많이 와.
b. 너는 연필을 몇 자루 가지고 있어?
c. 정말 귀여운 강아지구나!
d. 질문 하나 해도 돼요?
e. 이 영화는 정말 재미있었어.

5 b

해설 must의 부정형은 must not이에요. 부가의문문은 앞문장의 동사와 같은 동사를 씁니다. don't they → aren't they를 써야 해요. like의 목적어가 될 수 있는 동명사/to부정사를 써야 해요. 현재진행형은 'be동사+현재분사'로, talking을 써야 합니다.

해석 a. 너는 이것을 먹으면 안 돼.
b. 우리 7시에 만나자.
c. 그들은 미국에서 왔어, 그렇지 않니?
d. 너는 야구하는 거 좋아하니?
e. 우리 아빠가 엄마에게 말하고 계셔.

6 a

해설 yesterday는 '어제'라는 뜻이니까 '샀다'는 뜻의 과거형 동사가 왔어요. be동사의 부정 명령문은 'Don't be ~'를 씁니다. famous의 최상급은 앞에 most를 붙여요. '느리게'라는 뜻의 부사 slowly가 와야 합니다. Is → Are로 고쳐야 해요.

해석 a. 그녀는 어제 분홍색 블라우스를 샀어.
b. 지각하지 마!
c. 그녀는 한국에서 가장 유명한 사람이야.
d. 거북이는 느리게 움직여.
e. 이 양말들은 그녀의 것이니?

7 has eaten

해설 경험을 나타내는 현재완료형 문장이에요.

8 to save

해설 '~하기 위해서'라는 부사 역할을 하는 to부정사가 필요해요.

9 e

해설 계절, 나라 이름 앞에 올 수 있는 전치사는 in이에요.

해석 우리는 겨울에 스키를 탈 수 있어.
우리 삼촌은 일본에 살아.

10 c

해설 의문사 When(언제)과 접속사 when(~할 때)이 와야 해요.

해석 너는 언제 숙제를 끝냈니?
네가 웃을 때 나는 행복해.

11 e

해설 eat의 부정형을 만들어야 해요. 일반동사의 부정형은 'don't/doesn't+동사원형'이에요.

해석 너는 도서관에서 음식을 먹을 _____.
a. ~하면 안 돼
b. ~하면 안 돼
c. ~해서는 안 돼
d. 절대로 ~하면 안 돼

12 a

해설 There are 뒤에는 복수명사가 와요. 단수명사 an apple(사과 한 개) 앞에는 There is가 와야 해요.

해석 탁자 위에 _____이 있어.
b. 연필 세 개
c. 많은 바나나
d. 개미 두 마리
e. 책 열 권

13 b

해설 이유를 나타내는 접속사는 because, 이것인지 저것인지 선택을 할 때 쓰는 접속사는 or예요.

해석 그녀는 아파서 학교에 못 갔어.
너는 검정색을 좋아하니 아니면 흰색을 좋아하니?

14 e

해설 milk와 money는 둘 다 물질명사로 셀 수 없어요. many는 셀 수 있는 명사와 씁니다. some과 any는 셀 수 있는 명사와 셀 수 없는 명사 둘 다 쓸 수 있지만 some은 긍정문에, any는 부정문에 씁니다.

해석 할머니가 우유를 좀 드시고 싶어 하셔. 나는 돈이 전혀 없어.

15 usually plays computer games

해설 빈도부사 usually는 일반동사 앞에 옵니다.

해석 그녀는 보통 주말에 컴퓨터 게임을 해.

16 Is Joe going to sing a song

해설 be going to 문장의 의문문은 'be동사＋주어＋going to'를 씁니다.

해석 다음 주 파티에서 조가 노래를 부르니?

17 b

해설 일반동사 과거형의 부정문은 'didn't＋동사원형'을 씁니다. break가 와야 해요. 동명사는 3인칭 단수로 생각해요.

해석 a. 친구와 싸우지 마.
b. 헨리는 유리창을 깨지 않았어.
c. 샘은 차로 학교에 가니?
d. 너는 왜 학교에 지각했니?
e. 춤추는 건 우리 할아버지를 행복하게 만들어.

18 d

해설 나라이름, 인명 등의 고유명사는 첫 글자를 항상 대문자로 씁니다. friendly는 ly로 끝나지만 형용사입니다.

해석 a. 나는 감자 먹는 것을 좋아해.
b. 그녀는 탄산음료를 너무 많이 마셔.
c. 누나가 한 시간 전에 많이 울었어.
d. 잭슨은 멕시코에 살아.
e. 그 경찰관은 내게 다정했어.

19 is cleaning

20 the highest

해설 high의 최상급은 the highest예요.

21 a

해설 to buy는 wants의 목적어로 명사처럼 쓰였어요. 하지만 나머지 보기의 to부정사는 모두 '~해서, ~하기 위해서'라는 뜻의 부사로 쓰였어요.

해석 a. 새미는 빨간펜을 사기를 원해.
b. 나는 그녀를 다시 만나서 행복했어.
c. 신선한 공기를 좀 얻기 위해 창문을 열어도 될까요?
d. 너는 대학에 가기 위해 더 공부해야 해.
e. 새 신발을 사기 위해 쇼핑 가자.

22 e

해설 a~d의 it은 특별한 의미가 없는 비인칭주어예요. e에서 it은 '그것'이라는 지시대명사입니다.

해석 a. 토요일이야.
b. 너무 밝아.
c. 네 집에서부터 100미터 거리야.
d. 오늘은 비가 와.
e. 그건 네 연필이 아니야.

23 c

해설 대답이 '맞아, 그랬어'라는 과거형이므로 질문도 과거형이 되어야 해요.

해석 a. 너는 영어를 말할 수 있니?
b. 너는 7시에 저녁을 먹을 거니?
c. 당신이 수학 선생님이셨어요?
d. 그녀는 집으로 가고 있니?
e. 너는 당근을 좋아하니?

24 b

해설 대답이 '그건 의자 옆에 있어.'라고 어떤 한 물건의 위치에 대해 답하고 있으므로 책 한 권이 어디 있는지를 묻는 b가 와야 해요.

해석 a. 그거 뭐야?
b. 내 책이 어디 있어?
c. 너는 그 의자를 왜 좋아하니?
d. 너 어디 가?

e. 그것들은 탁자 위에 있니?

25 a

해설 "그녀는 월요일에 보통 뭘 하니?"란 질문에 대한 답은 "무얼 한다"는 것이 되어야 해요. Yes, No로 답할 순 없어요. 그리고 일반적인 습관에 대한 질문이므로 현재 무얼 하고 있다거나 과거에 무얼 했다는 표현도 답이 될 수 없어요.

해석 a. 그녀는 보통 수영장에 가.
b. 맞아, 그녀는 농구를 해.
c. 아니야, 그렇지 않아.
d. 그녀는 케이크를 굽고 있어.
e. 그녀는 TV를 봤어.

26 b

해설 질문에서 "피자를 얼마나 자주 먹니?"라고 빈도를 물어보고 있어요. 그러니까 얼마나 자주 먹는지에 대한 답이 와야 해요.

해석 a. 응, 나는 피자를 아주 많이 좋아해.
b. 나는 가끔 피자를 먹어.
c. 아니, 나는 피자를 안 좋아해.
d. 우리 같이 피자 좀 먹자.
e. 나는 어젯밤에 피자를 먹었어.

27 Will Jeremy call her soon?

해설 조동사로 시작하는 의문문은 '조동사＋주어＋동사원형~?' 형태를 씁니다.

해석 제레미가 곧 그녀에게 전화할 거야. → 제레미가 곧 그녀에게 전화할까?

28 My father didn't give me a present.

해설 일반동사의 부정문은 'do/does/did＋not＋동사원형' 형태를 씁니다.

해석 우리 아빠가 내게 선물을 주셨어. → 우리 아빠가 내게 선물을 안 주셨어.

29 I will listen to music. / I am going to listen to music.

해설 미래를 나타낼 때는 'will＋동사원형'을 씁니다. will 대신 be going to도 쓸 수 있어요.

해석 나는 음악을 들어. → 나는 음악을 들을 거야.

30 She has read the book.

해설 현재완료형 문장은 'have/has＋과거분사' 형태를 씁니다. read는 과거, 과거분사가 모두 똑같아요.

해석 그녀는 그 책을 읽어. → 그녀는 그 책을 읽어 본 적이 있어.

31 My sister dropped the cup.

해설 '모음＋자음'으로 끝나는 동사의 과거형은 자음을 한 번 더 쓰고 -ed를 씁니다.

해석 누나가 컵을 떨어뜨린다. → 누나가 컵을 떨어뜨렸어.